幸福的小脚丫
——乡村幼儿园课程园本化的实践与思考

沈丽华　著

ZHEJIANG UNIVERSITY PRESS
浙江大学出版社
·杭州·

图书在版编目(CIP)数据

幸福的小脚丫：乡村幼儿园课程园本化的实践与思考 / 沈丽华著. — 杭州：浙江大学出版社，2023.9
ISBN 978-7-308-23464-1

Ⅰ. ①幸… Ⅱ. ①沈… Ⅲ. ①幼儿园－课程－教学研究 Ⅳ. ①G612

中国版本图书馆 CIP 数据核字(2022)第 253701 号

幸福的小脚丫——乡村幼儿园课程园本化的实践与思考

沈丽华　著

策划编辑	丁佳雯	
责任编辑	胡岑晔	
责任校对	丁佳雯	
封面设计	周　灵	
出版发行	浙江大学出版社	
	（杭州市天目山路 148 号　邮政编码 310007）	
	（网址：http://www.zjupress.com）	
排　　版	杭州晨特广告有限公司	
印　　刷	杭州高腾印务有限公司	
开　　本	710mm×1000mm　1/16	
印　　张	16.5	
字　　数	288 千	
版 印 次	2023 年 9 月第 1 版　2023 年 9 月第 1 次印刷	
书　　号	ISBN 978-7-308-23464-1	
定　　价	68.00 元	

立足乡村现实，观察、了解和理解儿童，

挖掘并利用课程资源，创新课程体系，

实现课程的园本化并提高其适宜性，不断提高教育质量！

——虞永平

2023年8月

幸福的小脚丫

当你呱呱坠地
印上红红的小脚印
从此
小脚丫就记录着你的成长

当你站起身子
向前迈开第一步
从此
你开始用小脚丫探索这个世界

你喜欢在大自然里奔跑
你喜欢与沙水为伴
与花鸟为友
你用小脚丫
丈量世界认识世界

你走的每一步
都变成了经历与经验
你留下的每一个脚印
都印证着你的变化
你用行动在宣誓
我要长大

而我
许下爱的诺言
愿和你共同成长
成就你的幸福童年

让每一个儿童幸福行走

目　录

第一章 改造我们的课程方案

幼儿园课程是实现幼儿园教育理念和目标的途径和桥梁,没有高品质的课程,就没有优质的幼儿教育。要提升课程质量,必须提升课程领导力。幼儿园课程领导力是这样一种力量:园长、教师等课程领导者构建课程领导共同体,相互影响并形成合力,在逐步形成和全面落实幼儿园课程愿景和目标的过程中主动思考与开展课程实践,发现和解决课程问题,推动幼儿园课程的不断优化。而对课程发展的整体规划是学校课程领导的一个重要着力点。改造现行课程方案也是江苏省"课程游戏化项目建设"的重要内容,更是提高课程适宜性的重要策略。只有在实践中不断调整现行课程方案,课程的适宜性程度和游戏化水平才能不断提高。审议和改造课程方案,提升课程的适宜性,园本课程追求的不是要有自己的课程,而是要有适宜自己的课程。适宜性是园本课程最根本的特性。

园本课程是以法律法规及相关政策为指导,以幼儿园的环境和条件为背景,以幼儿的需要为出发点,以幼儿园教师为主体构建的课程。园本课程应该充分挖掘幼儿园本土的课程资源,充分与现实生活建立联系,充分关注本园幼儿及教师的发展状况。

第一节　课程实施的背景

一、幼儿园基本情况

我们南丰幼儿园坐落在"风韵江南、人和民丰"的南丰镇,位于张家港市东北部,中国"黄金水道"长江下游南岸,是一所历史悠久、文化深厚、享有盛誉的乡镇幼儿园。1999 年,南丰幼儿园独立建制;现有两个园区,即南丰园区、永联园区。两个园区实行一体化管理。2006 年,南丰幼儿园由镇党委政府投资 3000 万元易地新建,总占地面积 26680 平方米,建筑面积 14645 平方米,并于 2007 年获得"江苏省优质幼儿园"称号。2010 年,永联园区(原名永联幼儿园)纳入南丰幼儿园一体化管理,更名为南丰幼儿园永联园区。2014 年,永联园区进行易地新建,搬迁至永联路 2 号,占地面积 10439 平方米,建筑面积 11000 平方米,按五轨省优质幼儿园的标准建设。2016 年,永联园区创建成"江苏省优质幼儿园"。两个园区现共有 41 个教学班、1500 多名幼儿、168 名教职工。

本园秉持"蒙以养正,启以知新"的办园思想,遵循"聚沙成塔,立美成人"的园训,坚持"让我们做教育的农人,守望生命的成长"的美好愿景,致力于成为新农村幼儿教育典型。本园地处长江之滨,有着独特的地理环境、丰富的自然资源,还有年代悠久的"沙上""农耕"地域文化。近年来,本园以地域资源为载体,重点围绕"沙"资源开展沙水游戏、沙画故事、沙画创作、沙雕建构、沙艺种植等园本特色课程的开发与研究。"十二五"期间,本园成功申报苏州市教科规划课题"幼儿沙艺术动作思维发展的实践研究",并已顺利结题;"十三五"期间,又成功申报苏州市教科规划课题"幼儿园沙水游戏组织与实施的实践研究""江沙资源在幼儿园一日活动中的有效选择与利用的研究",也已顺利结题。本园在江苏省课程游戏化精神的引领下,利用现有场地资源进行了室内外游戏环境改造,开展了一系列游戏探索,为孩子提供了丰富、自主、多元、开放的游戏和学习场所。本园始终坚持以"把儿童放在课程里,把课程放在儿童里"的原则开展各项活动,处处彰显课程的游戏精神,让幼儿园真正成为孩子的公园、田园、学园、乐园。

近几年,本园在文化建设、课程构建、师幼发展、教学创新等多方面都得到了大力提升,先后荣获"江苏省优质幼儿园""苏州市园本特色课程基地""苏州市课程游戏化建设项目园""苏州市科研先进集体""张家港市美丽学校""张家港市课程建设先进学校""张家港市依法治教先进学校"等诸多荣誉,先后承办了省、市级活动 30 余次,接待国内外幼教专家及同行的参观交流 40 余次,获得一致好评,赢得了广泛的社会赞誉。

二、我们的优势与不足

(一)优势
作为一所农村乡镇幼儿园,南丰幼儿园有着自己的发展优势。

1. 校园氛围和谐融洽
在"风韵江南、人和民丰"的南丰精神影响下,本园全体教职工凝心聚力、互助共长、积极向上,拥有快乐的工作氛围、和谐的精神风貌。

2.办园条件现代优越

两个园区环境优美,绿化面积多,区域空间划分合理,幼儿活动空间宽敞,现代教育设施设备齐全,为幼儿成长提供了优良的保教条件。

3.教师结构基本合理

本园既有年轻活力的青年教师,又有教学经验相对丰富的老教师,全园教师平均年龄 35 岁,各年龄段教师数量相对均衡,有利于幼儿园快速、持续发展。

4.发展平台优质多元

本园以南丰镇《关于深化"三名"教育工程建设的实施意见》为指导,分别与苏州市平江实验幼儿园、闻西实验幼儿园深入开展了丰富多样的"三名"结对活动。2017 年 12 月,南丰镇又启动了"教育引智"项目,吸纳了江苏省人民教育家培养对象孟瑾园长、江苏省特级教师和苏州市教育科学研究院戈柔所长、江苏省特级教师许晓蓉园长等多位幼教专家为本园的教育智库成员,为幼儿园的发展提供了更为丰富的资源和更为广阔的平台。

5.办园特色丰富鲜明

从 2010 年起,本园就开始致力于"沙艺术"特色课程研究,如幼儿沙画创作、沙艺制作、沙画故事、沙水游戏、沙土种植等活动,让孩子在丰富多彩的沙艺术活动中发展动手实践、合作探究、求异创新的能力,这也凸显了园所特色和课程特色。

(二)不足

当然我们通过自我诊断,也发现了一些不足。

1.办园条件有待进一步完善

南丰园区易地新建已有 13 年,幼儿园内许多设施设备都开始老化、破损。各项硬件设施亟待更新换代。幼儿园的绿化面积非常多,但户外环境观赏性偏重,还没有因地制宜地进行开发与利用,以更好地满足幼儿游戏和活动的需求。

2.师资水平有待进一步提升

本园现有教师 105 人,其中在编和备案制教师 53 人,约占总人数的 50%。在编和备案制教师中现有高级教师 2 人,一级教师 17 人,二级教师 21 人。目前共有市级骨干 18 人,其中苏州市学科带头人 1 人,张家港学科带头人 2 人,教学能手 12 人,教坛新秀 3 人,约占公办、备案制教师比例的 34%,约占全体教师比例的 17%。

3.队伍的稳定性、专业性有待进一步提高

本园合同制教师较多,工薪待遇较低,因此人员稳定性差。合同制教师

专业技能、理论基础也相对薄弱,特别是近几年招聘的新教师,有很多是非学前教育专业的,没有接受过专业的培训,教学经验缺乏,一日生活的组织能力以及班级管理能力不强。

4.课程建构有待进一步优化

随着课程改革的深入推进,本园将地方资源与领域课程相融合。但缺少对课程理念、课程内涵、课程目标、课程结构、课程实施途径、课程评价体系等课程方案的整体建构。

三、我们的问题与挑战

为了进一步推进学前教育改革,全面提升学前教育质量,深入贯彻落实《幼儿园教育指导纲要》(后简称为《纲要》)和《3～6岁儿童学习与发展指南》(后简称为《指南》),2014年9月,江苏省教育厅财政厅发文《关于开展幼儿园课程游戏化建设的通知》,加速推进幼儿园课程改革。幼儿园课程游戏化项目实施的过程,就是幼儿园课程建设的过程,也是幼儿园教育质量提升的过程。随着文件的颁布,全省所有的幼儿园都开展实施课程游戏化项目。

面临课程游戏化建设的挑战任务,作为一所乡村幼儿园,我们除了在办园条件、师资水平、队伍建设等方面较弱以外,在课程建设上还存在下面一些现象:

重集体活动,轻游戏活动。在组织形式上,以集体活动为主,小组活动、个别化学习较少,形式单一。幼儿的游戏以教师主导为主,缺少幼儿自主性,且幼儿游戏时间不能保证。

重视教师的教育,忽视幼儿的学习。在课程的实施过程中,教师照搬教材情况严重,缺少对儿童兴趣、生活经验的关注。

缺少课程的园本化改造。教师仅依赖于现有的教材,幼儿园课程内容不太符合幼儿发展的特点和需要,未与周围的生活紧密联系。未结合幼儿发展的实际,从幼儿的需要和兴趣出发,关注不同发展领域的关键经验,有针对性地制定课程内容。

基于此,如何从本园实际出发,考虑幼儿和教师以及本园的环境资源等特点,帮助教师树立正确的儿童观、教育观、课程观,如何利用好现有的资源,如何为幼儿创设适宜的环境与材料,如何充分利用一日生活的各个环节,如何让每一个幼儿都获得适宜的发展,让课程更加适宜、更加园本化,这些都是我们迫切要探索和研究的问题。我们知道课程建设是一所学校的生命力,于是我们开启了幼儿园课程园本化之旅。

第二节　课程园本化的内涵

2010 年开始,本园进行"沙艺术"园本特色研究。通过近十年的研究,幼儿园的沙画教学在张家港幼儿园中小有名气,大家一提到南丰幼儿园,就会想到"沙画"特色。本园对特色课程的内涵与目标、内容、实施都进行了梳理。通过和教师对课程的认识进行访谈,发现大家对课程的理解上有偏差。

近年来"课程""园本课程""课程园本化"等一系列关于课程的名词层出不穷,我们幼儿园老师对它们似懂非懂,一知半解。在推进幼儿园课程园本化之前,首先必须和教师一起厘清几个概念。

一、课程的概念

在汉语当中,"课程"一词最早出现于唐代,唐代的孔颖达使用过"课程"。南宋朱熹在《论学》中也多次使用"课程"一词,如"小立课程,大做功夫","宽着期限,紧着课程",其基本含义是指课业及其进程。在西方教育史上,英国著名哲学家、教育家 H. 斯宾塞(H. Spencer)在其著作《什么知识最有价值》中首先使用了"课程"(curriculum)一词。该词源于拉丁语,意思是"跑道"(race-course),规定赛马者的行程路线。课程一词被引入教育领域以后,在西方得到广泛采用,但是各家对课程的理解各不相同,大致可以分为以下几种:课程就是学习科目或教材;课程即预期的学习结果或目标;课程即培养人的计划;课程即儿童在校获得的学习经验;课程即学校组织的学习活动。这几种定义都有其不同的时代背景、理论基础、独特的视角以及不同的关注点,也各有其优势和缺陷。

20 世纪 40 年代以来,人们对于课程内涵的看法出现了以下趋势:从强调学科内容到强调学习者的经验和体验,在儿童现实经验的基础上整合学科知识,使学科知识成为学习者的发展资源;从强调课程计划、课程目标到强调过程本身的价值;将教育教学过程当中的非预期因素纳入课程的视野,促进教师、学生主体性的发挥;从强调教材这一单一因素到强调教师、学生、教材、环境四个因素的整合,强调课程是一种动态的、成长性的生态系统;从强调显性课程到强调显性课程与隐性课程并重;从强调实际课程到强调实际课程与空无课程并重;从强调学校课程到强调学校课程与校外课程的整合。概括而言,课程的内涵包括以下三个方面:课程作为学科;课程作为目标和计划;课程作为经验和体验。

二、幼儿园课程的概念

在《中国教师新百科——幼儿教育卷》里,幼儿园课程是指实现幼儿园教育目的的手段,是帮助幼儿获得有益的学习经验、促进幼儿身心全面和谐发展的各种活动的总和。这个定义有这样几个要点:幼儿园课程是"活动";幼儿园课程是"帮助幼儿获得有益的学习经验,促进其身心全面发展的活动";幼儿园课程是"各种活动的总和",绝不是"上课"或者所上各门课的叠加。

幼儿园课程有别于中小学课程。虞永平教授在《学前课程与幸福童年》一书中说道:"学科取向的课程定义是不适合幼儿园课程的,活动取向和经验取向的课程定义更适合幼儿园课程,幼儿园课程就是引导幼儿获得有益经验的过程,过程性是幼儿园课程的重要特征。对于幼儿来说,学习就是行动,就是有事可做,做事就是多感官的、全身心的投入和行动,幼儿园课程的设计就是创造条件,让幼儿做适宜的事,一日生活皆课程。"张雪门指出:"课程是经验,是人类的经验,用最经济的手段,按有组织的调制,用各种的方法,以引起孩子的反应和活动,幼儿园的课程是什么?就是给3~6岁的孩子所能够做,而且喜欢做的经验的预备。"张宗麟认为:"幼稚园课程者,由广义地说之,乃幼稚生在幼稚园一切之活动也。"

幼儿园课程即教学科目,幼儿园课程即教育活动,幼儿园课程即教育学习经验,幼儿园课程即教学计划,幼儿园课程即发生之事件。综合而言,幼儿园课程是幼儿在幼儿园情境中与人、事、物交互作用,所获得的旨在促进其身心全面发展的教育经验,它包含了教师预先计划的课程和教师与幼儿互动生成的课程。

三、幼儿园园本课程的概念

关于园本课程的概念,目前存在的争议较多。为了方便研究和实践,在这里我们把园本课程广义地界定为相对于国家课程和地方课程而言的以幼儿园为本位的课程,即不仅仅把园本课程认定为是幼儿园完全自主开发的课程,还将其界定为幼儿园实施的、适合本园情况的课程。园本课程既可以是园本化实施的结果,也可以是园本化开发的结果,甚至是两者共同产生的结果。园本课程包含了幼儿园的特色课程,是从幼儿园的实际出发构建的课程。

四、课程园本化的概念

课程园本化是指幼儿园组织及其成员,根据国家《纲要》《指南》的精神与幼儿园自身发展的实际需要,充分利用园内外的各种教育资源所进行的课程选择、重组、补充与生成的相关研究管理和实施的过程。这个过程实际上就是幼儿园课程规范化、个性化和系统化的运作过程。幼儿园通过课程园本化的实践过程,形成相对科学、合理、优质、高效且适合本园情况的课程体系,这是幼儿园课程园本化的实质。课程园本化包括两种基本形式:一种是共同性课程的园本化实施;另一种是课程的园本化开发,即幼儿园特色课程的开发。

第三节　课程方案的改造

幼儿园课程实施方案是幼儿园以统筹思想为指导,按照国家的地方文件精神,以幼儿园实际的课程基础与资源条件为基础,对幼儿园的课程、课程设置与内容、课程实施、课程管理与评价等进行整体、全面的规划和设计,逐步形成的平衡、和谐、适宜、可操作的书面课程计划。它是国家和地方幼儿教育理念、目标、原则等园本化的结果,是幼儿园自身课程规划、实施、管理与评价的基本依据。

幼儿园课程实施方案的编制不是一蹴而就、一劳永逸的事,而应随着时代的发展、幼儿园课程条件的变化、幼儿和课程发展需求的变化而不断完善。完善课程实施方案就是以园为本落实国家和地方对幼教的基本政策,落实《3～6岁儿童学习与发展指南》的过程,更是提升以园为本的课程质量的过程。它包括提炼课程目标、丰富课程内容、明确课程结构、规范课程实施、完善课程评价等方面。随着课程游戏化项目的实施,我们对课程方案进行系统性、适宜性的改造。它不是要重新建构一套课程,而是要使课程更适宜于本园。

为了更好地改造我们的课程方案,我们对十多年来的课程进行了全面的梳理,发现本园的课程经历了以下这几个阶段:

第一阶段:教材本位(1999—2006年)。以教材为主,以统编教材、南京师范大学幼儿五大领域渗透式课程为核心开展教学活动、区角游戏活动。

第二阶段:拓展丰富(2007—2016年)。将地方资源与领域课程相融合,开发了以沙为媒介的园本特色课程——"沙艺术智慧启蒙课程"。将其融入节日活动、班本主题活动,课程内容呈现多元化。

第三阶段:园本化(2017年至今)。对课程园本化的深化与探索,正是我们接下来课程行走的路径。

随着课程游戏化项目的实施,幼儿园课程建设的过程,更是落实《指南》的过程,改造现行课程方案是课程游戏化项目建设的重要内容,也是提高课程适宜性的重要策略。从现在开始,我们的课程需要迈向园本化深化的探索,这是课程发展的需要,更是课程发展的必然。这需要我们对课程理念、课程目标、课程设置、课程实施、课程评价等进行全面系统的架构与梳理。

一、提炼"小脚丫"课程的理念

(一)理论基础

幼儿园课程设计理念是课程实施方案的灵魂,它回答的是"培育怎样的人""怎样培养人"的问题,它回应国家和地区的课程政策中关于育人追求与价值取向的内容,对全体教师在课程设计上具有导向和引领作用。幼儿园课程设计的基本理念是"以幼儿发展为本",它体现的是一种价值观,是做事的基本方法、标准和共识。它规定了课程的发展方向、落实原则、评价归宿。

我们认真分析了园所的背景与优势,并对幼儿园前期课程进行全面梳理,深入学习《纲要》《指南》等文件,并以此为课程依据;还对陈鹤琴的"大自然、大社会都是活教材"理论、杜威的"三个中心(儿童中心、经验中心、活动中心)"理论、瑞吉欧方案教学、建构主义理论、高瞻课程模式儿童主动学习理论等先进教育理论进行学习与内化、反思与感悟。

1.高瞻课程模式儿童主动学习理论

科学研究表明,在整个生命周期里,大脑有不断改变、形成先连接的能力,被称为可塑性。因此,主动学习在人的一生中发挥着至关重要的作用,儿童不断建构他们的知识世界,通过自己对人、物、事及观念的直接探究,了解世界是如何运作的。在高瞻课程模式中主动学习,被定义为儿童通过直接操作物体,在与成人、同伴、观点以及事件的互动中,建构新的理解的学习过程。没有人能够代替儿童获得经验和知识,儿童必须通过自己的主动学习获取经验和知识。高瞻课程模式最重要的教育目标就是引导儿童主动学习。

我们在课程实践的过程中运用这一理论,主要是为了转变我们的儿童观。儿童不是知识的容器,教师要相信儿童是有能力的主动学习者,教师要引导儿童主动学习。

2.维果斯基的社会文化和游戏理论

维果斯基是一位教育心理学家,他提出了社会文化和游戏理论,强调了学习和发展的社会环境的重要性。这种理论认为儿童的认知、语言和社交发展是受社会文化环境的影响。游戏对儿童发展的影响是维果斯基理论的另一个重要方面,他认为游戏有利于儿童的全面发展,包括儿童的情感、社会性和认知的发展,他还认为语言和符号这种"文化工具"可以像"物质工具"一样,帮助人们达成特定的目标。在儿童的社交环境里,如语言标记符号、数字和图片等,这些工具可以帮助他们表达情感、需求和想法。

在课程实施中,维果斯基的理论指导我们如何为幼儿创设适宜的学习环境。让我们认识到游戏的重要性,看到游戏对幼儿各种能力发展的价值。在活动中多运用语言、标记、符号等表征方式来表达幼儿的情感、需求和想法。

3.陈鹤琴的"大自然、大社会都是活教材"理论

"大自然、大社会都是活教材"是陈鹤琴先生倡导的活教育理论的核心课程观。这句话的意思即自然、社会是儿童学习的不竭源泉。这也就意味着陈鹤琴先生是反对将儿童禁锢在教室里单纯地学习书本知识的,他认为儿童可以在大自然中惊叹造物的神奇魅力,也可以在日常生活的一点一滴中体验学习的快乐。这句话还蕴含着另一层意思:儿童是整体的、未分化的,儿童的学习不是通过分科教学完成的,我们应该在自然、社会中系统地、有联系地教儿童如何学。换言之,儿童是通过经验学习的,知识和技能不能"霸占"儿童。

在这一理论指导下,我们的课程实施是灵活的、多样的,教师的任务不是"说教",教师的核心工作是引导幼儿,让幼儿充分与大自然接触,利用日常生活的教育价值,让幼儿在亲近自然、直接感知、实际操作、亲身体验中发展。

4.杜威的"三个中心"理论

杜威是现代教育理论家的代表,他提出"儿童中心""经验中心""活动中心"的"新三中心论",区别于传统教育"课堂中心""教材中心""教师中心"的"旧三中心论"。杜威总结说"教育即生活""教育即生长""教育即经验改造"。他认为教师要把教授知识的课堂变成儿童活动的乐园,引导儿童积极自愿地投入活动,在活动中不知不觉地养成良好品德和获得知识,实现生活、生长和经验的改造。儿童变成了太阳,而教育的一切措施则围绕着他们转动。把教育的重心从教师、教材转移到儿童身上,也就是"以儿童为中心"的教育。

本课程依据杜威的"三个中心"理论,鼓励教师活动要从儿童的生活、兴趣出发,要选择贴近儿童生活经验的教育内容,并渗透在一日生活的各个环节,通过"发现问题、讨论问题、探索问题、解决问题"的方式,让幼儿在行动中主动学习、积累经验、实现发展。

(二)课程理念

我们在幼儿园文化的熏陶下,对以上教育教学理论进行深入的学习与内化、反思与感悟。在与老师一次次的研讨互动中,我们提出了"让每一个儿童幸福地行走"的课程理念,用它来引领课程建设。

"每一个":意味着教育的公平,每个人都均等享有受教育的权利和机会。教师尊重每一个儿童,每一个儿童都有操作、体验、探索、展示、分享的机会。教师既关注全体儿童又注重个体差异,每个儿童的兴趣、需要、经验、学习特点、学习能力、发展特点与水平都是不一样的,我们的课程就是要给每一个儿童提供最适宜的成长空间。

"幸福":幸福不只是快乐,还是愉悦和充实,是拥有一个充满支持的生活和学习环境,有充裕的活动空间和材料,儿童的兴趣、需要、天性、学习特点和规律被充分关注,主动做有适度挑战性的、思维和情感共同参与的事。每一个儿童都能在游戏精神引领下拥有真实的体验、获得有益的经验和全面和谐的发展,更意味着拥有满足感、获得感和成就感。

"行走":意味着空间上它是延伸的,时间上它是延展的,体现课程的自由和开放。行动还是多感官参与的,孩子走到哪里,课程就在哪里,所以行动中学习的资源是广阔的、丰富的。行走就是一种行动、行走的过程,就是经验积累的过程,也是成长的过程,更是一种积极主动、学会学习的能力。我们的课程就是和孩子一起行走,积累经验。课程的路径,就是孩子行走的路径。

我们用一大一小两个脚丫的图标来诠释课程的理念内涵。

小脚丫

脚丫是探究的起点,是丈量世界、认识世界的开始。小的脚丫在左,大的脚丫在右,体现课程要追随儿童的脚步,从儿童需要出发,又像儿童在前,教师在后。小脚丫走天下,是师幼共同行走,积累经验、共同成长的过程,是自由和开放的。小脚丫大小不一,寓意着每个孩子都是不一样的,十个脚趾,十全十美,体现的是儿童全面和谐发展。

二、课程的核心目标

幼儿园课程目标是指幼儿园通过课程教学促进幼儿的身心发展所要达到的预期结果,是幼儿园课程实施方案中最重要的内容构成。我们在对《纲要》《指南》及多种课程理论深入学习和领会的基础上,调动与幼儿发展、课程建设、课程实践相关的教师、家长、幼儿及专家共同参与,辨别、倾听他们心中真实的追求。在集多方声音、多方智慧之下,我们将"培养具有旺盛的生命力、持久的学习力、独特的创造力的孩子"作为我们的课程的核心目标。

具有旺盛的生命力:活泼、向上、健康、阳光;

具有持久的学习力:积极、主动、好奇、坚持;

具有独特的创造力:勇敢、想象、发现、突破。

总之,顺应儿童天性,尊重儿童个性,在合适的课程支持下,培养健康,自主,快乐,灵动,身、心、灵和谐统一的儿童,使其拥有快乐而有意义的幸福童年!

三、丰富课程内容

虞永平教授说:"儿童的身心发展规律和学习特点要求幼儿园课程一定要真正从儿童出发,而不是从书本出发,要与儿童的生活紧密结合,把游戏作为幼儿园的基本活动。"因此,每个幼儿园的课程是不完全相同的,同一年龄段的不同班级的课程也可能是有一定的差异的。这就要求幼儿园不能只是一味地模仿和借鉴,而应该在观察儿童活动和发展的基础上,充分挖掘课程资源,对课程进行研究和探索、改造和创新、总结和积累,使课程真正符合儿童的兴趣和需要,真正促进儿童的发展。好的幼儿园课程就是要能满足儿童的需要,能引导儿童积极投入,不断获得新的经验,实现儿童全面发展。因此,幼儿园课程建设的实质就是促使幼儿园课程更具有适宜性、有效性,从而更好地促进儿童的发展。

(一)课程内容的认识误区

很多教师对课程的认识还不够全面、不够充分,还存在很多的误区。

误区一:课程内容即教材。幼儿园的课程内容是幼儿园课程的基本要素,是幼儿园课程的核心成分,是实现幼儿园课程目标的载体。但一说到课程内容,教师就认为它等同于教材。教师关注的是"使用什么样的教材""如何把教材中的内容用到教学活动中"。

误区二:课程内容即集体教学活动。还有很大一部分教师认为教师的主要任务是进行备课、制订教学计划,到班里开展集体教学活动;认为集体教学活动,就是我们的课程内容。

误区三:课程内容大拼盘。幼儿园开发了很多园本课程,也参考借鉴了一些别的课程,但没有对课程内容进行合理分类,因此课程之间的关联性、结构性比较弱,出现内容碎片式、拼盘化、不均衡现象。另外,课程内容也很少基于本园本班儿童的兴趣与生活。

(二)重新认识课程内容

1.以游戏为基本活动

长期以来,在幼儿园的教育实践中,游戏与幼儿园的课程无关,游戏和幼儿园的课程脱节,常常是游戏归游戏,上课归上课。上课被人们看作是完成课程所规定的教育目标、任务和内容的主要途径,游戏常常只作为上课的一种教学手段,很多时候甚至被认为是纯粹休息、放松的自由活动。因此往往教学就是拿着教材上课,游戏就是让幼儿自由玩耍。而随着课程游戏化的进一步推进,"以游戏为基本活动"也在我们幼儿园得到进一步贯彻落实,游戏即学习,学习即游戏。

2.一日活动皆课程

幼儿园课程是游戏性的、动态性的,是幼儿积极投入的多样化的活动,是幼儿尝试、思考、创造的过程,是幼儿在生活和游戏中获取直接经验的过程。因此,在幼儿园,一日活动皆课程。在来园、晨锻、盥洗、吃点心、集体活动、游戏活动、午餐、散步、午睡等各个环节中,幼儿无时无刻不在体验、感知、创造、想象和表达。

3.课程内容即学习经验

我们从关注文本走向关注幼儿,把幼儿的学习经验视为课程内容。学习经验是指学习者与外部环境之间相互作用所做出的反应。课程内容应重视幼儿原有的学习经验,应是幼儿能够理解和体验到的,强调幼儿已有的兴趣、需要及知识经验对课程内容的支配作用。我们组织教师学习《指南》,真正让幼儿在一日活动的各个环节中,在多样化、生活化、游戏化的活动中获得有益经验。

为此,我们的课程内容主要分为基础活动、拓展活动、探究活动。

基础活动即我们根据幼儿园的实际情况和幼儿的兴趣需要开展的主题活动。它是所有幼儿平等、均衡的获得经验,是幼儿健康全面发展的重要保障。对于幼儿来说,基础活动是保底的活动,幼儿在基础活动中达成最基础的《指南》目标。

拓展活动即我们以选择为基础的拓展活动,包括"小脚丫室内成长营活动""小脚丫户外欢乐时光"和"小脚丫节日活动"。"小脚丫室内成长营活动"是指幼儿每周可根据需求,自主选择专用室活动。专用室包括民俗博物园、美术创意园、沙艺体验园、阅读分享园、科学探究园、木工创客园,它们给孩子丰富多样的体验活动提供了场所。"小脚丫户外欢乐时光"是丰富多样、极具挑战性的户外游戏。我们规划出了小农庄、小木屋、大操场、百草园、彩虹园、小草坪、百花林、小沙滩、小山坡等游戏区,充分利用了幼儿园的每一个角落,满足了幼儿学习、游戏的需要。"小脚丫节日活动"是我们的四大文化节日活动,即"丰韵艺术节""丰雅阅读节""丰乐体育节""丰采科技节",以及围绕中国传统节日开展的课程活动。在每个节日里,我们营造开放、主动、可选择的教育环境,用丰富的活动、多样的形式,吸引幼儿以及家长主动参与到校园文化节日活动中来,将"节日活动"构建成为优质的课程内容,丰富幼儿经验,促进幼儿健康发展。

探究活动主要包括"小沙粒"园本特色活动和班级项目探究活动。"小沙粒"园本特色活动即沙之语、沙之情、沙之艺、沙之秘、沙之乐,分别对应《指南》的五大领域;班级项目探究活动是真正从班级、孩子身上生发出来的班本项目探究课程。小脚丫课程图谱详见下图。

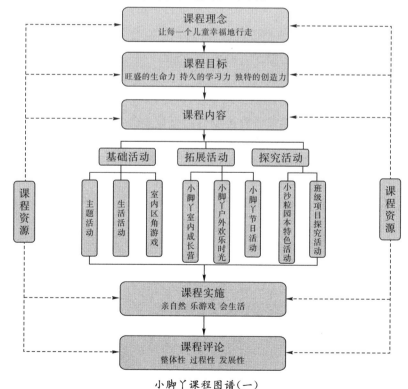

小脚丫课程图谱(一)

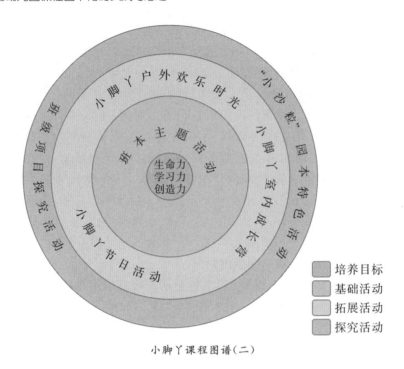

小脚丫课程图谱（二）

四、优化课程结构

幼儿园的课程和中小学的不一样，不是由一节一节课构成的。幼儿的运动、学习、生活、游戏都是课程的组成部分。幼儿园课程力求"以园为本"，这调动了幼儿园园长和教师的课程意识，激发了他们根据儿童发展需要和幼儿园实际条件开展幼儿园课程建设的积极性。幼儿园也同时具有设置课程类别和分配时间的权利，但在课程的设置上，往往出现集体活动偏多、过分追求特色而无意放大特色课程、幼儿游戏时间和运动时间被挤占等现象，课程结构设置不合理。

因此，优化课程结构才能进一步提升幼儿园课程的品质。我们主要从三方面对课程结构进行优化。第一，统筹协调一日作息安排，做到一日生活各环节中仅餐点、午睡时间固定，其他环节时间安排可以弹性实施。保证幼儿一天户外活动时间不少于 2 小时（其中体育锻炼时间不少于 1 小时），幼儿游戏时间不少于 3 小时。第二，统筹室内外活动场地，做到室内外兼顾。第三，树立整合理念，把儿童看成一个发展的整体，课程类型和内容不叠加，维持课程及幼儿发展机会平衡，经验不重复。

五、完善课程实施

《指南》中提出:"凸显以活动、体验为特点的课程实施。强调计划性和灵活性的统一,集体、小组与个别活动相结合的方式。"为了更好地实施课程,我们以"亲自然、乐游戏、会生活"为载体,进一步完善课程实施。

亲自然:幼儿与大自然亲密接触,尽情享受阳光、空气、水,在自然中奔跑、呼吸,强健体魄。开放一切自然资源,让幼儿在与花草树木、沙土石块、山洞土坡等的充分互动中调动各种感官,感知、欣赏、探究,获得丰富的直观经验;在自然中想象与创造,唤醒他们蓬勃的生命力。

乐游戏:相信孩子是有天赋的游戏者、有创意的游戏师、有思想的游戏家;自主体验、自由探索、自然交往,"玩什么游戏""用什么材料""怎么玩""和谁玩"都是孩子们自己说了算。幼儿园提供适宜的游戏支持,培养幼儿发现问题、解决问题的能力。

会生活:坚信生活的过程就是学习的过程。儿童的生长在生活中展开,在生活中自我实现,在生活中学做事,在生活中学做人。儿童应树立积极向上的生活态度,培养良好的生活习惯,在生活中发展学习能力、解决问题的能力和生活能力,感受生活中的一切美好,拥有独特的创造力!

六、建构多元评价

课程评价是幼儿园课程的重要构成,是对课程的价值做出判断的过程。幼儿园课程评价作为与课程理念、课程目标、课程内容、课程实施同等重要的课程要素,是一套完备的课程体系必不可少的组成部分。幼儿园课程评价更是衡量教师行为、幼儿行为、教育质量、办园成效乃至幼儿教育的重要社会工作。

为了更好地发挥课程评价的价值,本园实现课程从单一评价向多元评价转变,从"短暂性"评价向"生长性"评价转变,实施多元评价机制。

更新评价理念。将"整体性、过程性、发展性"作为评价的基本理念,重在提升幼儿的多种经验。

拓展评价视角。课程不等于上课,一日活动的每个环节对幼儿来说都具有发展的价值。所以我们切实关注来园、盥洗、吃点心、进餐、散步、游戏等活动环节,关注幼儿的所有表现,拓展评价视角。

丰富评价方法。《纲要》中指出:"评价应自然地伴随着整个教育过程进行,评价方法也是多种多样的。"比如在生活活动中我们主要采用过程性评价、情境性评价、档案评价;在教学活动中我们主要采用观察法(主要包括日记描述法、样本描述法、事件记录法、时间抽样法等)、微格数学评价法等;在游戏中主要采用观察法、谈话法、作品分析法等;在表现形式上主要采用文本评价、现场评价、问卷评价等方式。

注重评价过程。评价过程是教师运用专业知识审视教育实践、发现、分析、研究、解决问题的过程,应自然地伴随着整个教育过程进行。如游戏中应多关注幼儿游戏行为的具体前后变化,而不是只关注游戏的结果,将评价视为检测工作。

第二章 创设儿童本位的环境

无论哪一种幼儿园课程,都需要环境来支撑。环境创设能给幼儿园带来美感,激发幼儿的好奇心和想象力,能给幼儿带来成就感与归属感。《幼儿园教育指导纲要》总则中指出:"幼儿园应为幼儿提供健康、丰富的生活和活动环境,满足他们多方面发展的需要,使他们在快乐的童年生活中获得有益于身心发展的经验。"陈鹤琴先生说过:"儿童教育要取得较大的效益,必须优化环境。"《江苏省幼儿园课程游戏化项目实施要求》中指出:"教师要因地制宜、想方设法从幼儿活动的需要出发设计班级空间,而不是从利于教师管理幼儿的角度规划空间。要丰富户外环境,让户外环境更具有生命的气息,更多地搜集多样化的资源,更有利于幼儿开展充分的活动。室外环境要有利于幼儿开展运动、观察、种植、探索、扮演、操作等多种活动,并给幼儿带来丰富多彩的经验。"

第一节　给儿童赋权

户外游戏活动对幼儿身心发展是很有价值的,这种价值体现在独特性上。首先,户外游戏活动开阔的空间,让孩子有更多机会跑跑跳跳、锻炼大肌肉,这种运动能培养孩子的自信,让孩子变得更坚强,使其意志力得到磨炼。其次,开放的空间赋予了户外活动独特的优势,有利于幼儿特有的感性色彩充分流露与释放。开放空间的丰富,新异刺激的多样,能够满足幼儿好动的需求。此外,户外活动让孩子有更多机会亲近自然,同时,也为幼儿模仿与想象提供适宜的氛围,创设充足的空间,鼓励幼儿探索与冒险,让幼儿天性得到满足与释放。

随着江苏省幼儿园课程游戏化项目的推进,重新审议后,我们发现本园的户外环境主要存在着这样一些问题:

第一,户外环境追求景观效应、绿化达标。和大多数老幼儿园一样,本园建园时在设计上基本以成人的审美为导向,公园式、景观式的绿化较多,这样的设计主要是为了绿化达标。

第二,种植区实行封闭式管理,幼儿无法进入。本园在绿化带周围种植有较多的灌木,花草树木都被灌木包围,幼儿无法进入其中与花草树木进行互动。

第三,户外场地利用率低。主要利用塑胶操场开展户外体育锻炼,环境与幼儿园课程、幼儿的生活游戏缺乏关联性。

第四,幼儿参与机会少。幼儿园大部分区域观赏性较强,如种植园,幼儿参与规划种植、积极探索、感受生命成长的机会少。

那么,幼儿园的户外场地应该由谁来创设?是谁在这里活动?课程游戏化转变了我们的儿童观:儿童不是无知无能等待教育的容器,而是积极主动有能力的学习者。在这样一个理念的支撑下,我们对户外场地的利用进行了调整。

一、规划权给幼儿,邀请幼儿共同设计

户外区域活动应该始终坚持体现"儿童本位"的教育理念,尊重幼儿的想法,接受他们的建议,让幼儿感觉自己才是活动的主人。我们把所有的活动场地做成一张游戏地图,让幼儿进行讨论:在安静角落里的小院子里适合做什么?在围墙边的小菜园里可以做什么?在绿树成荫的庭院里可以做什么?在宽阔的操场上又可以做什么?让幼儿来做设计师,打造自己的活动空间。通过幼儿的自主设计、班级讨论投票,游戏区就这样诞生了!

二、使用权给幼儿,组织幼儿共同讨论

游戏区诞生了,可是在每一个区域里幼儿到底可以玩些什么,怎么玩呢?在观察整个园内环境的基础上,我们组织幼儿共同讨论在这些场地里可以做些什么。一串串问题冒了出来,幼儿纷纷发表意见。在百花林里,幼儿热烈讨论:泥土里有虫吗?老师,这里太阳可好了,可以在草地上晒太阳!老师,这里有个大风车,风车为什么会转呢?在小菜园里,幼儿七嘴八舌:老师,青菜开花了能吃吗?这里的菜可以摘了吗?这是菜还是草?于是孩子们开始"草与菜"的探究之旅。在运动区里,幼儿把各种材料进行组合,开始钻、爬、跳的大冒险;在积木区里,幼儿进行自主建构,他们有自己的想法和主见。自然的"吸引力"唤醒了幼儿的好奇心,吸引幼儿主动参与活动。

三、管理权给幼儿，让幼儿主动搜集材料

户外环境的改造还需要适宜的材料。生活是教育的源泉，生活化材料便是我们搜集的重点。材料的搜集不仅仅是家长的事情，也不单单是教师的任务，孩子才是材料搜集的"小主人"。教师和孩子们一起讨论需要搜集哪些材料，并形成户外游戏材料卡，孩子们根据户外游戏材料卡一起搜集材料。就这样，竹梯、轮胎、竹篮、筛子、水盆、水桶、塑料球、瓦片、旧自行车、树枝、各式瓶子、石头等成了孩子们的游戏材料。

虞永平教授讲过这样一句话："材料决定孩子的发展，你提供了什么样的材料，孩子们就有什么样的可能。"但材料不是一成不变的，材料的管理也是一个动态的过程。首先，规则在前：哪里取，哪里放。其次，各个班级根据需要做好材料的加减法。如小班的孩子在活动的时候，适当地做减法。中班、大班的孩子根据能力和活动需要可以适当地做加法。做到从单一品种到多种组合、一物一用到一物多用，实现材料的动态管理。

我们还通过园本教研让教师们进行思维碰撞，我们邀请专家来园指导，集思广益。历经两年多的时间，我们完成了户外游戏空间改造，开发利用了幼儿园的每一个角落，和孩子们一起搜集适宜的游戏材料，为孩子们创设了"小脚丫户外欢乐时光"，满足了幼儿学习、游戏的需要。

第二节　改造户外环境

通过环境审议，我们充分意识到，不能仅仅把户外场地当成孩子的运动场地。我们应把户外的一花一草以及每一块场地全部利用起来，为孩子们提供更多的接触自然、探索自然的机会，为幼儿的自由选择、自我探索、动手操作、亲身体验的自主活动开启更多通道。本园有 7000 多平方米的户外活动面积、5000 多平方米的绿化面积，自然资源丰富。虞永平教授说过："要真正让室外环境具有生态性，要有生命气息，让幼儿感受生命的多样性，让户外环境真正成为幼儿获得多样化经验的活动场地，而不只是做操的地方。"因此我们把室内活动拓展到户外，融运动、艺术、探索、建构、沙水、角色扮演为一体，来满足幼儿户外游戏的需要。

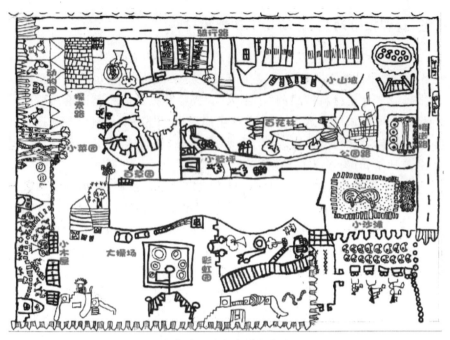

南丰幼儿园户外游戏地图

一、沙水区的升级改版之路

在幼儿园户外环境中,沙水区是深受幼儿喜欢的区域。沙、水具有自然、流动、多变的特性,幼儿通过玩沙玩水可以刺激感官,放松心情,探索渗透、流动、沉浮等现象,同时玩沙水也可以激励孩子自主探究、自主发现,培养幼儿感知思维能力。挖、捏、运沙土的过程可以促进幼儿大肌肉和小肌肉,以及身体动作、力量、耐力、协调性等多方面的发展。幼儿在与同伴的交流合作中,可以培养良好的同伴关系,并且形成一定的规则意识。

虽然孩子们非常喜欢沙水游戏,但我们发现本园的沙水区却存在着如下一些问题:

首先,设施不完备,缺少水源。沙子比较粗,夹杂着贝壳、石头类杂质。当时本园在建沙池时,就只是下挖浇筑了一个水泥池,然后放入沙子。因为没有安装排水系统,一旦下雨,沙池就非常容易积水,此后往往需要经过一个多星期的日晒才能让幼儿继续在其中活动。而且沙池周围没有安装水龙头,幼儿平时甚至无法进行沙水类探究活动。

其次,游戏材料不足,不能满足幼儿游戏需求。幼儿在进行沙水游戏时只有一些铲子,缺少管子类、建构类、自然类、容器类等多样的玩沙工具,不能进行角色扮演、建构、创造等多样的游戏活动。另外有时还存在争抢游戏材料的现象。丰富多样的材料能激发幼儿游戏的兴趣,促进幼儿活动目标的达成,因此游戏材料的供给直接影响着幼儿游戏的成效。

(一)沙水池的改建

怎样才能把沙水池改造成幼儿喜欢的小天地呢?为此我们结合实际,通过研讨活动、征集教师和幼儿的意见初步规划沙水池改造。教师们希望把沙水池改造成沙水一体的类型,方便孩子引水、探究,同时在下雨天也能玩。幼儿想要能挖沙、堆沙堡、像在海边一样的沙水池。后期,我们请设计公司根据幼儿园的需求对沙水池进行了设计改建。现在的沙水池中间有水系,两边有供幼儿冲洗身上沙子的冲洗池,有对应不同孩子身高的洗手池,还有一个大沙池,沙池由东向西从60厘米的深度渐渐变为30厘米的深度,能满足孩子挖沙的需求。沙水池底部还装有排水系统,避免了雨天积水而不能玩的情况。

改造前沙粒粗、杂质多,没有排水系统

改造前周围没有水源,缺少游戏材料

改造后200平方米沙水池全景

改造后高低不同的水池

改造后幼儿在沙水游戏中探究　　　　改造后幼儿在沙水池里合影

（二）材料的投放

"儿童是在游戏和生活中通过与环境、材料的有效互动进行学习的。"在上海华东师范大学华爱华教授的指导下，我们对材料投放进行了研究，将材料分为容器类、工具类、管子类、建构类、扮演类、自然类六类。容器类有水桶、瓶子、罐子、洒水壶、盆、碗等；工具类有铁铲、耙子、渔网、筛子、推车等；管子类有PVC（聚氯乙烯）管、透明管、软管、竹管、木质引水装置等；建构类有单元积木、蜂窝砖、梯子、建构类塑料玩具、木板、泡沫砖等；扮演类有动物、人物、交通工具、植物、水枪等塑料玩具；自然类有树枝、树干、树根、鹅卵石、松果、贝壳等。我们为幼儿游戏提供了丰富的材料支持。利用扮演类的材料如小动物、小汽车、草、树、花等，幼儿玩了角色扮演、开花店、建动物园等游戏。利用管子类的材料，如透明软管、竹管、PVC管等，幼儿玩了引水、接水的游戏。幼儿按照自己的意愿和能力选择材料，玩出不同的游戏花样，通过沙水和各种材料进行互动探索，在做中学、玩中学。

我们还对每类材料的名称、图片、规格大小、可生成的活动进行了梳理，帮助教师熟悉和了解材料，以便在材料损耗时能及时添补。

容器类沙水游戏材料表

材料名称	可能引发的游戏	可能获得的经验
桶	装水、做沙堡、运沙、做桥墩、做圆柱体	1. 能初步理解量的相对性，如容量的守恒、质量的大小。 2. 具有一定的探索兴趣，在探索中有所发现时感到兴奋和满足。 3. 能发现常见物体的结构与功能之间的关系。 4. 能探索并发现常见的物理现象，如沉浮。 5. 在探究的过程中能与他人合作、交流。 6. 会使用量杯等工具进行测量和学会一些正确的测量方法。 7. 能运用感官、动作探索物体，会关注动作所产生的一些结果。如用小桶塑造沙堡，一下子倾倒沙子和慢慢倾倒沙子是有区别的。 8. 发展幼儿的手眼协调能力。 9. 身体动作（特别是手的动作）灵活协调
盆	做沙堡、装零散的辅助材料、运沙、运水、运输辅助工具和材料、划船	
水舀、水瓢	运沙、运水、运辅助工具和材料、做角色扮演游戏、感受沉浮	
锅	运沙、运水、运辅助工具和材料、做角色扮演游戏	
篮子	装沙、筛沙、运输材料、做角色扮演游戏	
量杯	装沙、装水、测量水或沙的容量、做角色扮演游戏	
塑料碗、盒子、罐子	装沙、装水、做角色扮演游戏、塑形	
塑料瓶	装沙、装水、做角色扮演游戏、感受沉浮	
壶	装水、浇水、做角色扮演游戏	
陶瓷缸	装沙、装水、做角色扮演游戏、饲养金鱼和水生植物	

管子类沙水游戏材料表

材料名称	可能引发的游戏	可能获得的经验
PVC管	观察沙的流通、观察水的流动、观察竖起来的屏障、感受沉浮、火山爆发游戏、建桥	1. 能探索并发现常见的物理现象，如沉浮、压强等。 2. 能够动手动脑寻找问题的答案。 3. 知道管道连接的方法，能自由组合连接成想要的样子。 4. 对水的流动特点有一定的了解。 5. 能观察到事物和现象比较细微的变化。 6. 在活动过程中能分工合作，遇到困难能一起克服。 7. 能够保持好奇心和学习兴趣，具有积极主动的品质
软水管	观察水的流通、洒水、运输水、感受水压、清理沙池	
墙面引水装置	自由搭建拼接、水在不同方向的流通、小球在管道的走向	
PVC三通	游戏中连接、延长、装饰PVC管道	
引水装置	引水并感受水流方向、搭桥、运沙、当挖沙工具	

自然类沙水游戏材料表

材料名称	可能引发的活动	可能获得的经验
树枝 树干	做篱笆、变成森林、架空搭桥、做树屋、沉浮游戏 搭桥、作为扁担两人运沙、铺路、设置路障、改变水流方向、沉浮游戏、建ići门框树林、建植物园、建动物园、做装饰、当作桌椅	1.乐于搜集美的物品,如贝壳、小石头等,发现美好的事物并向别人介绍自己的发现。 2.运用自然材料创作喜欢的作品并装饰,表现出对称、均衡、和谐的美。 3.能探索并发现常见的物理现象,如沉浮。 4.能用材料进行角色扮演,将材料富有创意地运用。 5.动手动脑,相互合作,用工具和材料进行制作。如幼儿一起制作竹筏,并通过一次次的验证与调整成功制作竹筏。 6.能在成人的帮助下制订简单的计划并执行
鹅卵石	装饰材料、沉浮游戏、堆房子、拼搭材料、石头滚动出路线	
贝壳	铺路、装饰、贝壳分类、藏宝游戏	
竹子	围栏、铺路、架空搭桥、沉浮游戏、盛水盛沙、引水工程、竹筏、测量、做扁担	
果壳	装饰、运沙、运水、做娃娃家的碗、扎洞做成筛子	
植物模型	建房子、建小树林、做装饰、做建筑物周边绿植、拓印做模型、做道具(如小船、小床、被子)	

扮演类沙水游戏材料表

材料名称	可能引发的游戏	可能获得的经验
动物塑料制品玩具	动物园、农场、海底世界、侏罗纪时代,或根据情境需要选用	1.能根据自己的需要,创设各种情境,进行游戏。如花店、娃娃家、水上乐园、动物世界等。 2.有高兴的或者有趣的事情愿意和大家一起分享。 3.能想办法吸引同伴和自己一起游戏。 4.对大家都喜欢的东西能轮流分享。 5.能巧妙地将这些扮演类的材料与其他的材料相结合,并有创造性的玩法。 6.能根据物品的特征进行分类摆放。 7.能根据自己的摆放情境创编故事,或者根据故事的情境进行物品摆放
人物塑料制品玩具	幼儿园、娃娃家、饭店、社区、超市、银行、医院、旅行团、影楼、剧场、动画片场景,或根据情境需要选用	
交通工具塑料制品玩具	飞机场、火车站、城市街道、工程队、轮船运输、海上探险、军事基地,或根据情境需要选用	
植物塑料制品玩具	幼儿园、小区、超市、植物园、公园、菜市场、海底世界、动物园、娃娃家、沙滩、动画场景,或根据情境需要选用	
居家物品塑料制品玩具	娃娃家、甜品之家、小吃店、旅游景点,或根据情境需要选用	
建筑塑料制品玩具	建筑公司、娃娃家、旅游景点、社区、学校,或根据情境需要选用	
水枪	娃娃家、射击游戏,或根据情境需要选用	

建构类沙水游戏材料表

材料名称	可能引发的游戏	可能获得的经验
大型木质积木	造桥、在沙坑进行创造性的搭建、沉浮游戏、用作挖掘工具、埋藏寻宝	1.根据情境的需要选用材料进行建造，能发现物体的结构与功能之间的关系。 2.在探索中有所发现时感到兴奋和满足，敢于探索和尝试。 3.对空间方位有一定的理解，能根据自己的想法将东西摆放在需要的位置上，并能说出其方位。 4.能初步理解量的相对性，感受平衡的关系，如跳水游戏，知道重量和长板之间的关系。 5.在探究中能与他人合作与交流。 6.通过表征与表达的方式，运用自己的"朴素理论"解释自己的发现
砖头	在沙坑进行创造性的搭建、比一比谁垒得高、当桌椅、沉浮游戏	
瓦片	在沙坑进行创造性的搭建、引水管道、比一比谁垒得高、做屋顶、烧烤	
轮胎	在沙坑进行创造性的搭建、战地游戏、当跷跷板柱子、当桌椅	
梯子	当桥、战地游戏、跷跷板游戏	
木板	当桥、跷跷板、跳水游戏、平衡游戏、围栏	

工具类沙水游戏材料表

材料名称	可能引发的游戏	可能获得的经验
铁铲	挖坑、挖沟、堆叠、聚拢、画线、捞东西	1.能运用动作探索物体，会关注动作所产生的一些结果，比如用不同的材料在水里捞沙子，产生的结果是不一样的。 2.发展幼儿的手眼协调能力和身体动作灵活协调的能力。 3.通过观察、比较、尝试、验证自己的猜测。如竹篮打水，用不一样的布将水留住。 4.观察到食物和现象的变化。如干沙、湿沙的区别，水流进沙子里不见了等
耙子	挖坑、挖沟、划分区域、捞东西	
网兜、筛子	捞沙、捞球、筛沙、过滤杂质、塑形	
手推车	运送物品（沙和水）	
布	过筛、装饰、防水、存放沙和水	
漏斗	往容器里装水、装沙、塑形	
夹球器	挖沙、夹取物品、制作沙球	

(三)游戏的组织与指导

1."不给主题"游戏是孩子的游戏

活动的主题要来源于孩子的生活，来源于孩子的经验，来源于孩子的兴趣，这是儿童立场的课程主张。但在游戏导入时经常会出现这样一种情况：

教师们挖空心思想出主题,然后再和孩子的兴趣或生活经验"挂个边",组织活动时,怕偏离设定的主题,让所有的孩子向着教师的目标进行游戏,缺乏游戏的自主性。教师不要着急进行主题性沙水游戏,一定要减少教师的主观介入,刚开始最好还是放手让孩子自主游戏。

在沙水游戏的组织中,我们不设定主题,真正放手让孩子游戏。通过观察游戏我们发现,孩子有着他们的游戏主题,而且主题内容更丰富。如孩子在游戏中自发创造种树、海底世界、长江、城堡、火山爆发、轨道列车等一系列主题内容。我想这样的主题才是真正从孩子中来的主题。

2."用心旁观"发现孩子的发现

在沙水游戏的观察与指导中应该什么时候介入,这个问题也常常困扰着教师们,不适宜的介入会干扰孩子们的正常游戏。那教师到底应该什么时候介入呢?华爱华教授建议:"一是孩子遇到困难寻求帮助时;二是孩子因一直不成功快要放弃时。"我们要给孩子时间,相信他们,观察他们。在指导沙水游戏的过程中"用心旁观",却让我们惊喜地看到:孩子们用不同的工具去水龙头接水,倒在自己挖的沙坑内,发现水没了,又去取水再继续往沙坑里倒水,就这样反反复复;有的孩子拿了很多动物类玩具建造海底世界。我们还听到孩子们争论着:长颈鹿不能放到水里,它会淹死的;小狗不会游泳;小狗会游泳。有的孩子先把小水桶装满沙子,再拿一些植物种在水桶里,开始吆喝"卖花喽""卖花喽",显然他们玩起了角色游戏;有的孩子则用木桩和木板做起了跷跷板……就在这样的用心旁观中,我们发现了很多孩子游戏时的生动故事。

3."看懂"孩子,支持孩子深度学习

深度学习是幼儿自然的一种学习状态,是主动的、兴奋的、投入的学习状态,是其身心共同参与的过程。在沙水游戏中,我们又该如何支持孩子的深度学习呢?教师只有在"看懂"孩子游戏行为的基础上,才能最大限度推进深度学习。当孩子们不断往沙池里倒水,倒下去水没了,就这样反反复复,那时孩子们就会探究:水到底去哪了?为什么倒进沙池里的水会不停地冒泡泡?孩子们争论:小狗会不会游泳?如何让沙池中的木板保持平衡?这一系列的问题都是老师们在真正看懂孩子游戏之后,和孩子们一起讨论问题,引发幼儿思考,引导孩子走向深度学习。

华爱华教授说:"幼儿游戏水平是玩出来的,不是教出来的。"因此,我们保证儿童有充足的游戏时间,并提供丰富的游戏材料,不给孩子的沙水游戏指定主题,教师"放权"却不放松。教师做一名安静的观察者,始终观察孩子的游戏行为。当孩子遇到困难寻求帮助时或孩子放弃游戏时,教师及时介入和孩子一起解决问题。通过沙水游戏的组织,我们对"幼儿游戏"有了更深的认识。

首先,游戏的价值"不可小觑"。在成人眼中看似只是铲铲挖挖的沙水游戏,其实蕴含了孩子的主动学习和科学探究,动作、力量、耐力及协调性的发展,同伴间的交流与合作,孩子的规则与习惯等多种发展价值。沙水游戏是如此,其他游戏也是如此。作为教师,我们应该保证孩子的游戏时间,提供适宜的游戏材料,放手让孩子游戏,因为孩子们是在游戏中学习的。

其次,孩子的想象"超乎想象"。孩子们在自主游戏中的想象力是无穷的,是教师们想不到也不会教的。在孩子们游戏的过程中,我们不要设定玩法和目标,而禁锢了孩子的思维。在活动中,教师更多的是要思考问题是否足够开放,是否能启发孩子的思维,是否为了达到目标而影响了孩子的自主与想象。

再次,学习的能力"不可估量"。孩子的沙水游戏也让我们真正理解"儿童是一个无知无能等待教育的容器转变为儿童是一个积极主动有能力的学习者"这句话的含义。在游戏中,我重新认识了儿童,我看到孩子是有巨大潜能的,他们能玩出成人玩不出的创意。我们放手让孩子去玩的时候,正是教师向孩子学习的时候。在沙水游戏的过程中,孩子在"生长",课程在"生长",教师也在"生长"!

二、从"包办式"到"真参与"的幼儿种植林

动物和植物是幼儿园应有的元素,也是幼儿园课程的重要资源。种植活动对幼儿的发展具有重要意义,《指南》指出:"应和幼儿一起通过户外活动、参观考察、种植和饲养活动,感知生物的多样性和独特性,以及生长发育、繁殖和死亡的过程。"因此,很多幼儿园都会开辟种植地或种植角来种植,让幼儿亲自管理、亲眼观察、亲历成长,实现自然环境下真实经验的主动获得,让种植成为幼儿园科学探究活动的重要组成部分。

(一)种植林的现状

虽然种植活动对幼儿发展有很大的意义,但在具体实践过程中,我们却发现以下现象。

包办多自主少。为了让每个孩子都能参与到种植活动中,我们把幼儿园的种植园地分割成每班一块。班级教师为了让种植园地呈现"欣欣向荣"的景象,也算动足了脑筋,发动了家长,邀请他们一起参与种植活动。于是我们就看到这样一个景象:两三个家长带上种植的工具和秧苗,来到自己孩子班的"责任田"里,没几下就把自己班的一块地给种好了。教师们总算舒

了一口气,终于完成任务了。各班幼儿的种植园地也就成为家长的小菜园。

参观多参与少。虞永平教授说过:"幼儿园的种植不同于社会生活中的绿化,而是课程的设计和实施。幼儿园的种植不只是为了好看,而且是为了幼儿的发展。"但我们的种植园地是一个整体,没有小路,幼儿进出不方便,所以在种植园地的管理过程中,教师们怕幼儿弄脏了鞋子,于是只是带着幼儿在种植园地旁边参观并观察植物的生长过程。而且由于缺少工具,教师们便不让幼儿参与种植园地的管理,拔草、浇水、施肥、收获等环节,基本上都由班级保育员或家长们"代劳"。

种植单一种类少。我们观察了每块种植园地,发现每个班的植物种类并不多,基本上以方便播种的各类蔬菜为主,如青菜、大蒜、萝卜、土豆等,瓜果粮食作物较少,花果则更少。整体种类少,基本上一个班只种植一种蔬菜,虽然这样看上去比较整齐有序,但种植种类单一不利于幼儿对叶的形状与颜色、花的种类和气味、植物成熟的时间等细节进行观察比较,缺少让幼儿获得更多发现的机会。

首先,教师缺少大课程观。我们知道幼儿的一日生活皆课程。让幼儿在充满生机的环境中通过全身心参与得到发展,是幼儿园教育的理念,也应是幼儿园教育的实践。种植园地对幼儿发展的意义,不仅在于优美的环境可以陶冶幼儿的情操,还在于种植园地本身及种植过程就是幼儿园课程的重要内容。虞永平教授说过:"对于幼儿来说,学习是什么? 就是行动,就是有事可做。"因此,教师们应该树立"大课程"观,并且把这种观念付诸行动,真正让孩子自己动手去做。只有幼儿直接参与、亲身体验的活动,才是真正有利于幼儿发展的活动。为此,我们更多的是要让幼儿投入种植物的过程之中,把种植主动权还给幼儿,让幼儿成为种植活动真正意义上的主人。

其次,评价的导向影响教师行为。在以往的评价标准里,我们往往注重观察各个班的种植园地里的植物生长得"好不好",长得是否旺盛。这就导致教师们急于求成,只追求种植园种得"好不好",而不去考虑幼儿的参与度,这也引起了我们管理者对如何管理与评价教师进行思考。我们更需要转变观念,更多关注教师组织幼儿参与的过程,更需要的是评价幼儿,而不是评价、比较种植园地。

再次,资源是"利用"而不是"替代"。在种植活动开展的过程中,教师们也充分调动了很多的人力资源,如保育员、门卫保安、小朋友的爷爷奶奶等,这些人比我们年轻的教师们有更多种植经验,他们知道在什么季节适合种什么植物,他们知道不同的种子有不同的种植方式(有的适合直接撒在泥土里,有的用秧苗种更容易存活),他们还知道该如何进行管理(比如什么时候施肥,什么时候浇水)。但是,我们邀请他们和幼儿一起参与种植,不是让他们替代幼儿进行种植,而是希望他们把种植经验分享给幼儿,当幼儿在种植过程中遇到困难或疑惑时可以向家长们请教,从而真正做到利用各种资源为课程服务,为幼儿发展服务。

(二)环境改造与工具的搜集

为了让幼儿真正地参与到种植中,我们把这片种植园地进行了块状分割,并铺上了小路,这样幼儿就可以走进去与植物充分互动。教师还和幼儿一起搜集、添置了很多种植的工具,方便幼儿取用。

种植园地工具与材料表

类别	工具与材料名称	关键经验
容器类	水桶、水盆、澡盆、水舀子、淘米篮、竹篮、葫芦瓢、纸盒类、塑料量杯、塑料碗、塑料盒、塑料罐、塑料瓶、洒水壶、陶瓷缸、铁盒类、锅等	1.参与种植探究活动,认识各种植物的名称,了解植物的生长环境、生长过程及其与环境之间的关系。 2.尝试运用各种容器、工具进行种植,了解工具的使用方法,并进行观察、测量、比较,在参与播种、浇水、施肥、除虫、采摘、制作、烹饪的过程中,主动动手、大胆操作、积极思考、解决问题,愿意表达自己的计划、发现和结论。 3.热爱劳动、富有责任心、热爱生命、热爱自然
工具类	铁铲、耙子、筛子、手推车、布、竹圈、漏斗、夹沙器、勺子、模具等	
管子类	白色PVC管、透明PVC管、透明搭建水管、软皮水管、木头制引水装置、竹子制引水装置、PVC三通管等	

(三)我们的有效支持

1.开放种植园地,把种植还给幼儿

虞永平教授说:"幼儿园的水泥地、砖地、塑胶地够用就行,种植园地的面积应该尽可能扩大。"为此,我们利用室内外一切可利用的空间来种植。在室外,除了园部专门开辟的各班的种植园地,我们更是把一些小花坛、绿化带,以及其他一切可以种植的区域都纳入幼儿种植的范围。其中有阳光相对充足的地方,也有阳光相对不足的地方,这样,幼儿就有了比较植物生长情况及其环境的机会。在室内,我们在走廊、阳台等地方,和幼儿一起搜集盒子、瓶子、油桶、水管、泡沫箱等,让这些空间也成为幼儿的种植小天地。

2.丰富种植种类,满足孩子探究欲

植物多样化是幼儿园种植的基本原则。为了丰富植物种类,我们给每个孩子下发调查表,让幼儿和家长们一起参与调查,教师们再根据调查内容进行整理,了解每个季节或月份适合种植的瓜果蔬菜、花草树木、粮食作物等,并且和幼儿一起向社区有种植经验的园艺师请教,这样幼儿的种植种类范围一下子就拓宽了。除了青菜、萝卜等几种常见的蔬菜,番薯、小麦、玉米、花生、大豆、豌豆、扁豆、向日葵、月季、太阳花、蝴蝶兰等都成了幼儿的种植对象,根、茎、叶、壳、须、皮、花都成了幼儿探究内容,满足了幼儿的探究欲。

3. 创设多种方式,参与种植与管理

为了让幼儿成为种植、管理和欣赏的主人,教师充分发挥了孩子们的自主性,放权放责给孩子。如在同一个月份里,我们不要求种植园地整齐划一,而是让幼儿自主选择喜欢的种子播种。当然,在种植前后,教师都要和幼儿进行讨论,丰富幼儿的播种知识,帮助幼儿形成比较稳定的步骤性策略体系,涉及挖坑、放种子、填土、浇水等。种完之后,就是管理。对于幼儿来说,管理的内容主要是浇水、捉虫、松土等,而这些我们也都放权给幼儿进行管理。教师的任务是和幼儿一起了解并讨论各种合适的管理方法,如:浇多少水? 松土时应该注意些什么? 有虫了怎么办? 教师还有一个重要任务就是引导幼儿去观察了解植物生长过程中的细节变化。幼儿可以利用各种测量工具,如笔、纸、尺、小棒等。并且,教师要引导幼儿为自己种的植物写成长日记。写日记以个人和小组相结合的方式进行。记录的方式也是多样的,有照片式、绘画式、测量式、数据式等。在参与的过程中,幼儿的观察能力、探究能力、审美能力、责任意识与协作能力等得到提高。

在种植活动中,我们始终尊重幼儿的好奇心,顺应幼儿的探究兴趣,"种什么、怎么种"都让幼儿自己做主,让幼儿亲自参与整个过程。随着种植活动的开展和深入,他们的兴趣点也越来越多。要播种了,幼儿对种子的秘密十分感兴趣;要翻土了,教师并没有为幼儿准备人手一份的翻土工具,而是让幼儿根据自己已有的经验搜集和准备自己认为合适的工具,让幼儿试一试,并与同伴比一比,然后引导幼儿分析各种工具的利弊,让幼儿自己寻找答案。另外,除草时出现的蜗牛又让幼儿对昆虫产生了极大的兴趣。这些兴趣都成了我们可以开发利用的课程资源。于是,我们开发了种子项目活动、泥土项目活动、蜗牛项目活动,晒菜干、腌萝卜干、包馄饨等区域活动。户外种植的过程是幼儿主动参与的过程,是幼儿全身心投入的过程,是幼儿观察、比较、测量、探究、讨论、分享、合作的过程,更是幼儿"全收获"的过程。作为教师,在种植活动中,我们不要包办,而是要更多地让幼儿自己去参与、去体验,让幼儿真正投入种植的过程之中!

改造后的种植园

幼儿在种植园浇水

幼儿参与种植园管理

孩子们收获了自己种的花生

三、从教师的"涂鸦林"到孩子的"彩虹园"变身记

涂鸦林、建构区、军事区,我们光看这些户外游戏区的名字,就能体会教师的游戏目的性。为了进一步把游戏的权利和场地的规划使用权还给幼儿,我们的"涂鸦林"经历了一次变身。

谈话实录：

教师："孩子们,你们知道我们幼儿园有哪些户外游戏区吗?"

"军事区、涂鸦林、跑跳区……"

孩子们不假思索地说。

教师："那你们观察过涂鸦林里有什么吗?"

嘉忆："有很多树。"

(于是我在小黑板上画了一棵大树用来代表涂鸦林。)

教师："那户外大建构有什么呢? 它的位置又在哪里呢?"

熠晗："有很多各种形状的积木。"

紫希："墙边有三个雨棚,里面都是建构积木。"

(孩子们热火朝天地说着……我在黑板边上画了长方形作为雨棚。)

教师："那梯子跑跳有什么呢?"

余洋："有轮胎、梯子。"

梓灵："还有滑滑梯呢。"

（我又画了一个梯子）

教师："那小朋友们，如果请你们为它们重新取名字，你们会想出哪些名字呢？"

（孩子们都跃跃欲试，但由于临近放学，我就给孩子们布置了一个周末小任务。）

教师："宝贝们，请你们利用周末和爸爸妈妈一起讨论一下，当一次设计师，给它们换一个你们自己喜欢的名字。"

（周一孩子们都带来了自己的设计稿，我们一起来看一看和听一听孩子们的设计。）

轩诚："这是海盗画画区，因为有很多炸药桶和金币桶；这是海军大建构，因为有很多的积木可以搭出和海军用的一样的大轮船；这是陆军防御区，因为那些滑滑梯上有很多空的地方可以架炮，还可以架枪。"

（听完孩子们的介绍，我不禁感叹他们的想象力竟可以如此丰富，孩子们一个个都脑洞大开，起了各种各样的名字。我把孩子们所有的设计图都看了一遍，当然也发现了很多不太合适的名字，我想这可能是因为小朋友不太明白"名字"的含义。于是我们开展了有关名字的集体教学——"名字的由来"，帮助孩子们了解：名字的含义，名字是否有特殊意义，人名和地名有什么不同，两者是否可以随意更改。）

师幼讨论实录：

教师："那你们觉得我们的户外游戏区要换名字吗？"

妙妙："因为名字太旧了，要换个新的。"

梓茹："我们不喜欢这个名字了。"

雨恒："名字太难了要换个简单一点的。"

嘉忆："上学期和这学期的名字都是一样的，没意思。"

……

（孩子们都表述了自己的想法，看来他们对"取名字"这个事情兴趣高涨，于是我和孩子们一起带着画笔和记录本再一次进行实地考察，这一次考察带着更明确的目的——根据区域的特征或用途来取名字。孩子们仔细观察，把所见都记录在本子上。回到教室后，每一组孩子都来告诉我他们组取的名字，我把它们都记录下来并张贴在黑板上。由于每个组名字的由来和意义都是特殊的，我便请每一组的代表上来进行介绍和拉票。）

活动实录：

第一组："我们取的名字是'画鸦林'。因为在那里我们可以画画、涂鸦，可以做很多事情。"

第二组:"'画画涂鸦林',这是所有小朋友一起想出来的。"

第三组:"我们取的名字是'彩虹画画区',因为有很多好看的颜料,所以我们选择这个名字。"

第四组:"'画画铃铛',取这个名字就是因为我们在那看到了很多彩色的小铃铛。"

第五组:"'迷彩画画车',我们看到有很多的车子,它们都被涂了不同的颜色,而且我们觉得我们取的名字很顺口。"

第六组:"'来画画',那里就是我们小朋友画画的地方,起这个名字别人一看就知道那是画画的地方。"

第七组:"'彩虹园',因为画画的地方很大,就像一个公园,还是五颜六色的,所以我们就叫它'彩虹园'。"

(一番介绍后,孩子们进行投票,选择自己喜欢的、觉得最合适的名字。这里还有一个小插曲,唱票结束后,发现第三组和第七组的票数一样,这时我们班的小范同学就提议用石头剪刀布决出最终的名字。很多孩子们都要求三局两胜,因为他们都希望自己取的名字被采纳。最后第七组获胜,孩子们欢呼起来,最终涂鸦林变成了"彩虹园"。)

(活动实录由张竹君老师提供)

这个小小的活动实录,给了我们很多思考。虽然和孩子们从探讨到名字的诞生只花了两天的时间,但是孩子们展示了他们独有的创造力、清楚的逻辑、大胆的表达,给了我们很大的惊喜。当属于孩子们自己的"彩虹园"诞生以后,孩子们对这个地方有了一份特别的感情,他们觉得幼儿园的这一小块地方是属于他们的,他们可以在这里进行艺术的创作。故事还没有结束,因为我们相信在"彩虹园"里还会有更多有趣的事等着孩子们一起发现、思考和解决……尊重孩子,把"环境"还给孩子,放手赋权,定会获得不一样的惊喜!

四、我们的户外游戏区

环境是重要的课程资源,开放的户外环境可以支持幼儿多样化的学习与探究。历经两年多的时间,我们追随幼儿的兴趣和需要,大胆改造、不断调适,从场地规划、区域名字的设定、材料的提供都始终坚持儿童本位,让每一处环境都满足幼儿的自由想象、主动探索、创造表现。

(一)积木区

宽敞的塑胶场是幼儿积木游戏的天地,孩子们有足够的空间可以拓展。我们在积木区提供了充足的碳化积木、定制的不同长度的木板、不同口径的波纹管、大小不同的车轮、梯子等,丰富的材料满足了幼儿游戏的需要。幼儿自主搭建房屋、交通工具、轨道、宇宙飞船,玩游乐场、打地鼠、医院、动物园游戏,和同伴一起探究多米诺骨牌、跷跷板、滚球、平衡等。在游戏的过程中幼儿丰富了空间方位、图形认知、数量守恒等经验,语言表达能力、社会性交往能力、想象力得到充分发展。在搬运、搭建过程中幼儿的体能也得到了锻炼。

提供足够大的建构空间

幼儿自主搭建

幼儿用积木探究滚动

幼儿用积木建构角色场景

(二)草坪区

小草坪里的花草树木、沙石水土都是幼儿天然的游戏材料。除此之外,我们和幼儿搜集了各种生活类、自然类、扮演类材料。幼儿在这里开设娃娃家、小吃店、外卖配送、野餐郊游、表演节目、探索四季,满足了幼儿对亲近自然的向往,沉浸在各角色中,肆意想象、大胆表达、探索、创造。

幼儿在草地上玩野餐游戏

幼儿在垒高砖块搭建灶台

幼儿在玩娃娃家游戏

幼儿玩医院游戏

(三)小山坡

高高的山坡、神秘的灌木丛,有趣的石头坑,高低或形状各不相同的大树,周围有各类攀爬、探索的体育器械,还有各类探究材料,如竹梯、双面梯、长板、木箱、各种款式的自行车、油桶、滑草板、垫子等。幼儿在这里攀爬、野战、自制滑梯、探秘鸟巢、堆石头、滑草,借助各种辅助材料从草坡上滑下来或滚下来,感受速度的变化。幼儿在挑战与冒险中分工合作、克服困难、坚持不懈、体验成功。

改造前的两个小山坡

改造后的游戏场

小山坡上的军事游戏

小山坡上的滑草游戏

(四)百花园

百花园有各种各样的花草树木,虫鸟多样,泥土松软,十分适合幼儿发现大自然的小秘密。我们投放了显微镜、放大镜、各种尺子、昆虫捕捉器、风向标、测温仪、小桶、瓶瓶罐罐等各种材料,满足幼儿发现自然、探索自然的需要。幼儿在这里观察比较、实验记录、探究发现、描述交流、寻找小动物、品尝桑葚,在探索中收获成长。

改造前是供观赏的景观

改造后幼儿可以自由进出

幼儿在百花园里观察

幼儿在寻找蚯蚓

幼儿在探索泥土里的秘密

幼儿在做有趣的实验

(五)彩虹园

彩虹园以明媚的姿态拥抱幼儿的到来。在彩虹园里有废旧的汽车、油桶、水缸、空心砖,以及各种绘画、印染、手工制作的材料和工具等。幼儿在这里可以随手捡起树叶、花朵、鹅卵石,选择合适的手工绘画材料用艺术的方式自我表达,在墙面上涂鸦、在树荫下写生、在微风中印染、在地上泼画,幼儿在尽情地感受和欣赏、创造与表达……

改造前的一片树林

改造后的彩虹园

彩虹园绘画板上的创意画

在汽车上涂鸦

游戏结束后的彩虹园

紫藤架下孩子在地上绘画

(六)运动场

漂亮的树屋、沙地滑索、攀爬平衡架组合、木箱组合、各种尺寸的梯子、长板、轮胎、酷跑板……幼儿在这里自主选择运动器材,自由组合各种材料,进行自我挑战。在奔跑、跳跃、讨论、协商、合作中,幼儿的运动潜能全部被激发了出来,平衡、跳跃、钻爬、力量等都得到了发展。

总之,幼儿园的户外环境改造,不是一蹴而就的,在改造的过程中,教师的理念也在不断地变化。从一开始的借鉴其他幼儿园的环境,把它"搬"进自己的幼儿园,再到真正让幼儿参与设计、讨论规划、为游戏区取名字,成为环境改造的主人,从区域的相对固定到完全开放,从材料的高结构向低结构的转变,教师的理念也经历了一次次蜕变。一次次变化的过程,也是教师儿童观变化的过程。

改造前的小树林

改造后的树屋

改造前的小沙池

改造后的沙池滑索

改造前的香樟树

改造后的攀爬平衡架

第三节　升级室内环境

一、班级环境与材料

班级环境包括活动室、午睡室、走廊等空间,它是儿童室内游戏的主要空间。班级环境也是儿童在园生活时间最长的地方,是孩子们的生活空间、交往空间,更是学习空间。在过去,环境创设者基本上以教师为主,儿童只是环境的欣赏者和旁观者。但随着儿童观的改变,我们充分意识到儿童才是环境的主人,教师在环境创设中不应该是创意者、规划者,而应该是支持者、留白者。既然是儿童的环境,那环境就要和儿童的生活经验相关,从而真正成为儿童的环境。本园也在班级环境上做了以下改变。

(一)环境更开放

以前,教师们习惯于把教室划分为固定的几个区,如语言区、科学区、美工区、建构区等,每个区的材料都相对固定。教师们还利用柜子、帘子等材料进行隔断,并规定好每个区的人数,规定幼儿在这个区只能玩这个区的材料。为了改变这一个现状,我们尽可能地去区域化,让空间可以扩展,尽量不对进出各活动区域的幼儿进行限制,允许幼儿把不同区域的材料整合起来使用。如幼儿在科学区需要纸、笔、剪刀,可以到美术区去拿;幼儿可以到语言区选择绘本,然后到娃娃家给孩子讲故事;幼儿可以选择任何材料,在教室里开展他们自己想要的活动。幼儿可以搬运和转换教室里的所有材料,实现区域与区域之间的内容整合、材料整合、角色整合。只有给幼儿足够的开放空间,才能支持幼儿各种游戏的需要,才能更好地激励幼儿自主游戏和不断探索。

(二)色彩更简朴

关于幼儿园的色彩,以前大家总认为幼儿园应该是五颜六色、花花绿绿的,常常用各种大色块墙面刺激幼儿的感官。在意大利瑞吉欧幼儿园的设计者来看,幼儿园是不需要五颜六色的,幼儿园的环境必须是简单的、朴素的,这样的环境才能凸显幼儿心灵的五彩缤纷与多姿多彩。如果底板就是喧闹而嘈杂的,给幼儿过度的刺激,那么幼儿是无法静下心来进行自己的探索性活动的。为此,我们要求在班级环境的色彩上做减法。室内环境以原色、自然色、大地色为主,我们让幼儿来做魔术师,用他们的五彩缤纷来装点原色或自然色的世界。

(三)空间要留白

以前的班级环境创设,到处都是教师们剪的、贴的、画的东西,教师是环境中的创意者、规划者、制作者。教师们为了迎接环境检查和评比,便把教室里每一个墙面、每一个角落都"全副武装"。这样的环境反而给人一种压抑感、窒息感。随着教师观念的转变,我们意识到:一个以儿童为本的、以儿童视角出发的环境应该是有适度留白的。一是物理层面的留白,即空着;二是心理层面的留白,给儿童想象的空间。环境应是幼儿的环境,幼儿应参与班级空间的规划、材料的搜集与摆放、墙面的张贴等。墙上张贴的都是幼儿自己的调查、海报、探究问题、游戏故事等,墙面上应随着幼儿活动的进度而不断丰富。

(四)材料要适宜

幼儿园的材料往往有两种,一种是现成的玩具,这些玩具往往有固定的使用说明;另一种是教师们根据教学要求自制的材料,这些材料往往不牢固,幼儿玩一会儿就会失去兴趣。这两种材料最主要的特点就是高结构化。这些材料能激发幼儿的探究欲望、想象力和创造力吗?我们更多地为幼儿提供开放性低结构的材料,让幼儿有机会使用、转换,并将自己的经验和想象融合在游戏过程中。为此,我们发动教师、幼儿及家长们一起做材料的搜集者,搜集树枝、树叶、松果、石头、木片、木板、毛线、吸管、盒子、瓶子、罐子、瓶盖等自然类、生活类或废旧的材料,并分类有序摆放,激发幼儿对这些材料的好奇心,鼓励幼儿探究并创造性地使用这些材料。

(五)环境就是课程

1.幼儿的"班牌"

虞永平教授曾说过:"幼儿园环境创设是一个教师和幼儿共同参与的过程,是一个多层次、多样化的实践过程,从一定程度上说,也是幼儿园课程建设的重要组成部分。"

幼儿园环境创设一定要坚持儿童立场,让环境真正成为幼儿的环境和为了幼儿的环境。我们幼儿园每个班级门口都有一块属于幼儿自己的"班牌"。

大二班"勇往直前"   大一班"手牵手 大步走"

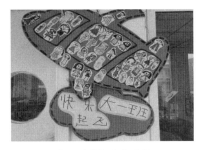

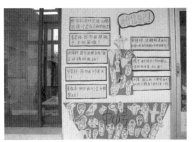

大一班"快乐起飞"　　　　　　　　中一班"相信自己"

2."今天我来了"签到墙

幼儿园的环境既不独立于儿童之外，也不独立于课程之外，儿童、环境、课程三者是你中有我、我中有你的有机融合。小小的来园签到墙，既是一种来园仪式，也是一种课程，内容有按规律排序、小小的统计和认识时钟。每一个班都有不同的签到方式，签到方式里也隐含了本年龄段的幼儿关键经验，在环境中隐含了幼儿的学习。

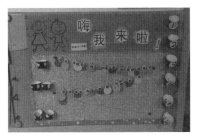

大班的统计签到　　　　　　　　中班的排序签到

小班的对应签到　　　　　　　　大班的时间签到（一）

小班的数数签到　　　　　　　　大班的时间签到（二）

3. 小小自然角

自然角是每个幼儿园都有的一个角落，它常常设置在活动室走廊或有阳光的室内窗口处。幼儿园会经常开展自然角评比，教师们为了评比往往一味地追求漂亮，于是自然角常常被打造成一个个小景观。为了美观，教师们经常用地垫、小栅栏等围起自然角，因而幼儿很难触摸、观察和管理自然角。为此，我们从园部行政到班级教师开始转变评价标准，要求布置自然角时去掉"景观化"，自然角要让幼儿走得进、拿得到、看得清。同时，我们还提供多种工具，让幼儿参与管理自然角。每位幼儿都有一个自己的植物或动物，每天都能记录自己的探索和发现。

自然角里发现生长的秘密

每人一盆植物

自然角记录展示区

自然角观察记录本

4. "秘密港湾"——私密区

幼儿作为不断成长的独立个体，会有各种心理需求。有心理学家认为，5岁左右的孩子就有自己的小秘密，需要有自由独立的空间。我们重视私密区的建构，每个班的活动室都设立小小私密区，给幼儿独处的机会。它一般都比较舒适，且半开放，尊重幼儿的感受，满足幼儿的心理需求，让幼儿的内心能够得到一种安慰和释放，给幼儿一个"秘密港湾"。

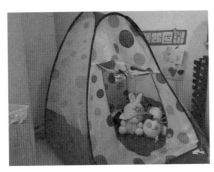

私密区"我的小世界"

创设好的私密区

私密区里软质温馨沙发

私密区里孩子的小天地

5.我们的材料柜

在幼儿园中,有些环境需要一些变化,让幼儿有新奇感和探索欲;有些环境则需要相对稳定,让幼儿有安全感和秩序感。我们有序摆放区域材料柜,并且根据年龄特点,设计了对应标记,帮助幼儿建立秩序感,还让幼儿参与活动区规则的制定。

小班区域材料用影子贴纸一一对应

中班区域材料中的自然物

美工区的一角

美工区材料投放

6. 我们的约定

在以前的班级环境中,为了方便管理,教师们常常制定很多的班级规则和区域规则来控制和限制幼儿,如规定每个区进几个人,选择好区域后幼儿不能随意离开,不可以大声讲话,不能争抢材料等。很多规则都是教师制定后直接上墙,命令性、限制性规则随处可见,但如果随便找几名幼儿来问问,幼儿大多不知道这些规则。这样的规则不是站在幼儿的立场上制定出来的,它们只是为了方便教师的管理。为了让幼儿成为环境的主人,规则应由教师和幼儿共同讨论,由幼儿自己制定。只有自己制定规则,幼儿才拥有对规则的掌握感和执行力。

每月班级公约

和幼儿一起制定的区域约定

可以随时替换的班级公约

幼儿的区域约定

二、专用活动室环境与材料

专用活动室作为幼儿园室内的公共活动空间,是为幼儿设置的一种开放的活动环境。它一方面弥补教室空间的不足,为幼儿提供更充分、更适合的活动场地,另一方面还承载着开发幼儿园课程、凸显幼儿园园本特色的功能。本园专用室比较多,有民俗博物园、美术创意园、沙画创作室、沙艺体验园、创客木工坊等多个专用活动室,每个专用活动室活动面积约 60 平方米。但幼儿利用专用活动室进行活动时,还存在着如下一些问题:

(1)管理不到位。虽然园部有活动安排表,还有负责人、活动记录表,但教师却很少带幼儿去活动,或者随意缩短幼儿活动时间。安排表、记录表成为应付的摆设。园部也没有很好的跟进、检查、督促措施。

(2)活动内容单一。首先,很多教师不清楚如何开展专用室活动,也不知道如何使用和操作材料和工具,甚至根本不认识如木工坊里的很多工具。其次,教师们觉得,开展专用室活动以后还需要花大量时间整理材料,这一点很麻烦,所以能简则简,每次活动时教师们只是带幼儿在专用室开展简单活动,活动内容与班级区域活动类似。

(3)时间周期短。一般情况下,一个班级使用单个专用室活动的频率为每周一次,或两周一次。而对于很多专用室活动的作品,幼儿用一次活动的时间是完成不了的,需要连续两至三次的活动实践才能完成。由于时间周期短,每次的专用室活动就变得极为草率,无法深入开展。

基于以上问题,我们也组织课程组成员一起研讨:专用室活动的价值到底在哪里? 专用室活动和教室里的活动差别在哪里? 有研究者认为专用活动室就是为了顺应每一位幼儿的内在兴趣及成长需求,依据幼儿的年龄特征创设的供幼儿在特定领域进行可持续、较体系化的探索、游戏和学习活动的室内活动空间。为了真正用好专用室,我们尝试做如下改变。

(一)专用活动室是班级活动的拓展

专用室活动有别于一般的班级活动,它应该是班级活动的拓展和补充,它供幼儿在特定领域进行可持续、较体系化的探索活动。如美术专用室,虽然每个班都有美工区,但美术专用室里的材料比教室里的更丰富,它由泥工区、水墨区、印染区、纸艺区、盒子创意区、沙画创作区等多个区域组成,幼儿可以在美术专用室内体验各种创作方式。而在班级活动区里,由于空间的限制,幼儿没有办法体验多种美术创意活动。又如创客木工坊,一般的班级活动室里,由于材料、工具、空间都受限,没有办法在班级活动区开展木工活动。因此专用室要创设符合幼儿发展目标的环境,提供丰富的活动材料,以满足不同兴趣、不同发展水平的幼儿的需求。

(二)与户外活动有效融合

专用室活动除了作为班级活动的拓展,还可以与户外活动相融合。比如在《秋天》的主题里,幼儿在室外捡到很多树叶,我们就可以到专用室里开展树叶的畅想艺术活动,幼儿可以剪、贴、画、涂,进行各种创意制作。当幼儿种植园里的花生收获时,可以到民俗博物园里开展小厨房活动;在创客木工坊里制作小材料后,可以将材料拿到户外沙水区进行进一步游戏探索。只要我们教师树立开放的理念,把室内外活动融通,专用室一定会成为孩子们的喜爱之地。

(三)调整活动模式与周期

以往的专用室活动,一般都由园部统一安排,并以班级为单位开展。但是专用活动室就是为了满足每一位幼儿的内在兴趣及成长需求。为了让专用室活动更好地满足不同孩子、不同班级的需要,我们在活动模式上进行了调整,我们实行"自主选择式""班级预约式"两种模式,给幼儿和班级更大的自主权。

"自主选择式":每个教室里都有一个"小脚丫成长营活动"选区牌,孩子们选择自己喜欢的成长营,并戴上相应颜色的啪啪圈,到了活动时间,孩子们就可以到自己喜欢的活动室去活动。每个成长营里都有固定的教师,前期,教师根据自己的特长来选择自己所带的活动室。每个孩子有一本成长营手册,孩子活动后,由相应的教师在手册上盖上小印章。孩子们还会在手册上记录自己的收获与心情,并将其带回教室和同伴分享,手册也便于自己班的教师了解孩子的活动情况。

"班级预约式":各班根据自己班级的活动需要,进行活动预约。如有的班在端午节想开展亲子包粽子活动,他们就可以预约民俗博物园,在民俗博物园里开展班本活动。

三、我们的专用室

1.民俗博物园

充满地方特色的民俗博物园是满足孩子感受家乡文化的专用室。民俗博物园打造了满足孩子制作各种美食的小厨房,以及富有江南传统文化的扎染、刺绣、纺织、编织等游戏区和江南风情物品的展示区(如纺织机、舂米石臼、竹帘、竹篮、各种农作物等)。幼儿在这里体验榨果汁、做春卷、包馄饨、做青团、做绿豆饮、扎染、做老虎鞋、刺绣等,从味觉、视觉上丰富了幼儿对传统民俗文化的记忆,提升了幼儿爱祖国、爱家乡的情感。

民俗博物园环境

幼儿在民俗博物园里做元宵

幼儿在民俗博物园里体验编织

幼儿在民俗博物园里榨果汁

2. 美术创意园

美术创意园是幼儿艺术畅想与表达的乐园,有手工制作区、陶泥区、水粉画区、国画区和墙面涂鸦区五个区域,材料有陶泥、轻黏土、颜料、专用笔刷、彩纸、废旧小碎件等自然材料和生活材料,满足幼儿艺术创作的需求。幼儿在这里根据主题进行多形式的艺术创作,做陶艺、画灯笼、做糖葫芦、写福字、画长卷画等。

美术创意园环境(一)

美术创意园环境(二)

幼儿在美术创意园体验水墨画　　　　　幼儿在美术创意园进行艺术创作

3.沙画创作室

沙画创作室是南丰幼儿园独有的特色创作室。在灯箱上,沙与光影的结合,呈现出美轮美奂的沙画作品。沙画室里有沙画台、投影仪、摄像机、大屏幕、电脑、各种辅材(如筛子、雪糕棒、梳子、叉子、吸管、卡片)等。在这里,幼儿可以完全根据自己的意愿,结合节日、季节等主题进行创作,如春暖花开、江南水乡、我的祖国、美丽的校园等。一撒、一漏、一勾间,一幅幅生动有趣的作品就能呈现出来,幼儿可以自由想象、不断创造。

沙画创作室环境(一)　　　　　　　沙画创作室环境(二)

幼儿用吸管进行沙画创作　　　　　　幼儿在沙画创作

4.沙艺体验园

沙艺体验园是一个关于沙子的创意工坊,在这里,有彩沙制作区、沙盒创意区、沙盘游戏区、沙雕创作区、沙瓶创作区。材料包括白沙、色素、蜡笔、粉笔、纸盒、纸球、玻璃瓶、太空沙,以及纽扣、毛线、铁丝、毛根、小旗等各种辅助材料。幼儿在彩沙制作时尝试用粉笔、蜡笔、色素等不同原料进行染沙,再比较不同的效果。在沙盒创意区,幼儿用生活中废旧的盒子、小球、纸盘进行彩沙画创作;在沙盘游戏区,幼儿随性地用一件件小沙具进行微景观创作,大胆表现自己的所思所想;在沙雕创作区,幼儿揉、捏、雕、刻,蛋糕、军舰、坦克、小鱼、花朵等各种雕塑应运而生。在这里,幼儿的审美、创造、表现、表达能力都有很大的提升。

沙艺体验园环境

幼儿在沙艺体验园活动

幼儿在进行沙盘创作

幼儿在制作彩沙瓶

5.创客木工坊

创客木工坊是孩子最喜欢的专用室之一,分为机械类和木工类两大区域,有工具陈列区、作品展示区、表征陈列区、规则提示区、工具书陈列区、儿童制作过程和作品照片展示区、物料摆放区等。工具类材料包括水平仪、电锯、固定器、钳子、螺旋直尺、卷尺等;辅助材料包括螺丝、铁钉、木花、木屑、万向轮、滑阀等;制作材料包括形状、长短、大小、粗细、软硬不一的各种材质的木条、木板以及木质的半成品等和一些生活类、自然类的材料。幼儿在这里拆装玩具、制作各种小木工,发展了合作、表达、动手、思维等各方面的能力。

创客木工坊环境(一)

创客木工坊环境(二)

幼儿在合作锯木条

幼儿在体验小车床

幼儿在拆装旧自行车

幼儿在拆装旧家电

丰富多彩的专用室,为幼儿营造了自主游戏、自主发展的空间。作为班级活动的拓展,专用室里有更丰富的游戏材料,幼儿可以选择自己喜欢的专用室、喜欢的材料独自活动,或分工合作,一起操作、体验、创造、想象和探究。幼儿在工作中游戏,在游戏中工作,幼儿的能力和个性因此得到发展。

第三章
课程组织与活动实施

第一节　实行弹性作息

　　幼儿在园时间为8～9小时,为了让幼儿在园的一日生活有条不紊,就需要常规细则和时间安排表。然而,要让幼儿获得丰富的生活体验,就需要有开放、不受干扰的时间安排。《江苏省幼儿园课程游戏化项目实施要求》也明确提到:审议幼儿一日生活时间安排。注重幼儿身心发展的特点和规律,注重幼儿的现实需要,减少幼儿的等待时间,给予幼儿更多自发活动的机会,注重动静交替,形成集体活动、区域活动、日常生活等各类活动科学组合的一日活动流程,避免无序化、随意化和单一化。

大班幼儿一日活动时间安排表

时　间	内　容
7:30—8:00	来园活动
8:00—9:00	户外体育锻炼
9:00—9:20	盥洗、吃点心
9:20—9:50	集体活动
9:50—10:50	区角游戏
10:50—12:00	餐前活动、午餐、餐后散步
12:00—14:00	午睡
14:00—14:20	起床整理、盥洗
14:20—15:00	户外游戏
15:00—16:00	吃点心、区域游戏/角色游戏
16:00—16:20	离园活动

　　上表为我们审议前的一日活动时间安排表,从这张作息时间表中,我们可以看到幼儿的活动时间被安排得非常紧凑,但在实际实施的过程中,我们发现经常会有这个孩子吃饭慢了,那个孩子上厕所慢了,还有一些孩子整理玩具慢了,因此经常会出现催促孩子的现象。教师对孩子会比较高控,幼儿自由、自主的时间比较少。而且该安排表中的过渡环节安排得有点多,时间会被隐性浪费。为此,我们将其调整为以儿童为中心的弹性一日活动时间安排表。

大班幼儿弹性一日活动时间安排表（先室内后户外）

时　　间	内　　容
7:30—8:00	来园活动（自主签到、二次晨检、游戏计划、天气记录、自然角观察）
8:00—9:30	室内活动（区角游戏、自主吃点心、集体活动）
9:30—11:00	户外活动（含游戏分享）
11:00—14:50	餐前活动、自主午餐、餐后散步、午睡、盥洗、吃点心
14:50—15:50	户外游戏
15:50—16:20	离园活动

大班幼儿弹性一日活动时间安排表（先户外后室内）

时　　间	内　　容
7:30—8:00	来园活动（自主签到、二次晨检、游戏计划、天气记录、自然角观察）
8:00—9:15	户外活动
9:15—11:00	室内活动（自主点心、游戏分享、区角游戏、集体活动）
11:00—14:50	餐前活动、自主午餐、餐后散步、午睡、盥洗、点心
14:50—15:50	户外游戏
15:50—16:20	离园活动

幼儿园一日生活要有充分的自主时间，让幼儿有时间对事物好奇，有时间踌躇，有时间细致观察，有时间分享交流。以幼儿为中心的弹性一日活动时间安排表并不是完全地放任幼儿自由，更不是让幼儿想做什么就是什么。我们打破精细、零散的时间界限，将其整合为户外活动、室内活动、餐点午睡三大时段的时间模块，减少了消极等待现象，更有利于活动充分开展、幼儿全身心地参与。教师也可以根据自己班级的情况自行安排集体教学与游戏活动，真正实现自我管理和自主管理，充分发挥幼儿的主观能动性。教师们还可以根据天气与活动情况灵活调整室内、户外活动。天气冷了，我们就安排先进行室内活动再进行户外活动；春秋季时，我们就安排先进行户外活动再进行室内活动。集体或小组活动也会根据当天的情况及时调整，可以在户外游戏之前进行，也可以在户外游戏之后进行。这样的调整给予了教师和幼儿更大的弹性空间。下图所示为各班级的一日活动流程图。

大一班一日生活流程图

大二班一日生活流程图

中一班一日生活流程图

中二班一日生活流程图

小一班一日生活流程图

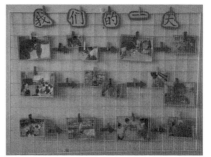
小二班一日生活流程图

第二节　一日活动常规

　　一日活动的组织是有弹性的、开放的,同时也是稳定的、有序的。一日活动的内容涵盖了从入园到离园的全部活动,生活活动主要包括来离园、盥洗、吃点心、午餐、午睡、散步等,学习活动主要包括集体活动、小组活动等,游戏活动主要包括室内游戏、户外游戏等。对于不同的环节,幼儿、教师、保育员都有各自明确的常规要求,从而保证一日活动愉快、安全地进行。

一、来离园活动

关键词:礼貌、自主

幼儿

(1)愉快来园,自主刷卡,主动接受保健老师晨检,独立进班,能有礼貌地向教师、同伴问好。

(2)自主签到,进行二次晨检,将自己的衣帽物品等放在固定的地方,参加一些简单的劳动。

(3)自主进行天气记录、自然角记录并制订游戏计划,按自己的意愿积极参与区域活动。

(4)乐意与教师、同伴交流。

(5)能自己收拾好玩具、桌椅,整理自带物品,做好回家准备。

(6)能自己正确刷卡,并保管好自己的卡。

(7)能主动使用礼貌用语向教师、同伴道别。

(8)有良好的任务意识,能清楚地表达幼儿园教师的要求,愿意和家长分享在园的快乐。

主班教师

(1)热情接待,关注每个幼儿的情绪,主动与幼儿交流。

(2)不披头散发,着装得体,精神饱满。

(3)营造温馨的氛围,准备丰富的区域活动材料。

(4)有针对性地指导班内幼儿的自选活动,做好幼儿观察、劳动、游戏等活动记录和指导工作。

(5)提醒幼儿检查自带物品,保持干净整洁,愉快安全地离园。

(6)提醒幼儿正确刷卡,与每个幼儿道别。

(7)辨认家长,把幼儿准确交到家长手中,必要时进行简短交流。

(8)与保教人员及时沟通,互换信息。

(9)收拾整理教室,准备次日的环境材料等。

配班教师

(1)指导幼儿打卡,照顾好个别情绪异常的幼儿,尽快稳定幼儿情绪。

(2)及时关注手机信息,填报各类表格,与家长沟通突发情况。

(3)接待迟来的幼儿,引导幼儿及时参与到同伴的活动中。

(4)指导幼儿学习照料自然角并做好观察记录等。

(5)协助做好来离园工作。

(6)照顾好家长晚来接送的幼儿。

保育员

(1)提前开窗通风,打好开水,准备好消毒液、杯子、毛巾等,维护好整洁的生活环境。

(2)主动问候幼儿及家长,对幼儿进行二次晨检,给有需要的幼儿必要的生活帮助。

(3)及时清点幼儿人数,了解个别幼儿的特殊情况及需注意的问题,与主、配班教师做好信息沟通。

(4)做好幼儿来离园护理,保证幼儿仪容仪表干净整洁。

(5)做好室内外环境的清洁消毒整理和安全工作。

二、体能活动

关键词:运动、挑战

幼儿

(1)知道自己的游戏场地,能参与活动器械的搬运、搭建、准备工作。

(2)能积极投入游戏活动中,无等待、观望。

(3)遵守规则,友好合作,有自我保护的意识和能力。

(4)爱护玩具与器械,能有序摆放和整理。

主班教师

(1)衣着便于运动,不穿高跟鞋,活动自如。

(2)检查幼儿服装及场地安全、器械数量等。

(3)精神饱满,根据幼儿年龄特点组织体育游戏活动,能按需进行指导。

(4)观察幼儿动作及行为(面色、呼吸、出汗、动作的协调性等),及时调整活动量。

(5)活动中用手机拍摄幼儿活动,做好观察记录。

配班教师

(1)协助主班教师做好准备工作。

(2)协助组织活动,照顾好个别幼儿。

(3)及时排除不安全因素,保证幼儿活动安全。

(4)及时处理好活动过程中的突发事件。

保育员

(1)协助主班教师做好准备工作(搬运活动器械,检查幼儿服装、鞋带及器械、场地是否安全等)。

(2)准备干净的毛巾、手纸,随时提醒或帮助幼儿擦汗、擦鼻涕。

(3)活动后整理活动场地、器械。

三、集体、小组活动

关键词：主动、互动

幼儿

（1）会倾听、等待，有良好的学习习惯。

（2）有较强的好奇心与求知欲，专注、投入地参与各类学习活动。

（3）积极思考、主动探究、敢于尝试、大胆想象、充分表达、乐于分享。

（4）与材料、同伴有效互动，建构经验，获得发展。

主班教师

（1）关注游戏化情景的创设。游戏化情景是诱发幼儿情感、激发幼儿兴趣的重要手段。

（2）关注教学游戏情景与教学内容的融合。真正让幼儿在玩中学、在学中玩。

（3）关注教学游戏化过程中幼儿的发展需要，优化教育教学策略。提高教师课程组织能力。

（4）了解幼儿的前期经验，分析学习内容，做好充分的活动准备。

（5）灵活采用集体、小组等不同的活动形式，满足幼儿的多种需要。

（6）给予幼儿支持性的指导与评价，做好幼儿作品、成果的保存或展示工作。

（7）及时做好教学反思，寻求改进策略，不断优化教学过程。

配班教师

（1）根据主班教师的需要给予配合和帮助，如创设好环境，为教学活动安排好桌椅，准备好各种教学具等。

（2）在集体活动中，对个别幼儿进行指导和帮助。

（3）在小组、个别活动中，按计划指导幼儿积极参与活动。

保育员

（1）注意站位，保持安静，不随意走动，不影响正常教学秩序。

（2）遇特殊情况及时协助主班教师予以处理。

（3）户外活动全程看护，保证幼儿安全。

（4）引导幼儿探索、思考，协助好主班教师开展活动。

四、游戏活动

关键词：观察、支持

幼儿

(1)自主制订游戏计划,构想游戏内容。

(2)自主选择游戏区域和材料,自主选择同伴共同创设游戏情景,自主游戏。

(3)情绪愉悦、主动交往,不断丰富和发展游戏情节。

(4)专注于自己的游戏,尝试自己解决问题,逐步积累经验。

(5)有良好的规则意识,能自己制定游戏规则,并能根据需要变更、调整规则。

(6)爱惜玩具,能及时收拾整理。

(7)积极参与游戏评价,能对感兴趣的问题展开讨论,敢于表达自己的想法。

主班教师

(1)保证幼儿充足的游戏时间。

(2)创设良好的游戏环境,巧用空间,区域划分合理,游戏材料数量适宜,图文标志醒目、材料丰富。

(3)确保游戏材料安全卫生。

(4)游戏内容可以与主题课程有机结合,也可以和幼儿当前的兴趣、需要相结合,可灵活调整。

(5)认真观察幼儿的游戏(幼儿活动、材料使用、交往情况等),深入了解幼儿,为幼儿的游戏提供必要的支持和帮助,引导幼儿解决活动中出现的问题。

(6)教育幼儿爱护游戏玩具及材料,并及时收拾整理。

(7)组织游戏分享活动,帮助幼儿梳理游戏经验。

(8)进行游戏评价,做好游戏观察与记录。

配班教师

(1)协同创设游戏环境和准备游戏材料。

(2)对幼儿予以关注,配合进行适宜的指导。

(3)认真观察幼儿的游戏(幼儿活动、材料使用、交往情况等),深入了解幼儿,为幼儿的游戏提供必要的支持和帮助,引导幼儿解决活动中出现的问题。

(4)培养幼儿良好的行为习惯,结束时提醒幼儿快速整理材料。

保育员

(1)对体弱儿或特殊儿童进行个别照顾。

(2)指导幼儿及时分类清理、收拾玩具、注意安全,促使幼儿养成良好行为习惯。

（3）清扫活动场地，保持整洁。按规定定期进行玩具消毒，确保游戏材料安全卫生、无灰尘。

（4）引导幼儿探索、思考，协助好主班老师开展活动。

五、餐点、午睡

关键词：自主、习惯

幼儿

（1）知道饭前便后要及时洗手，会正确洗手，保持手的干净。

（2）愉快、安静地独立用餐，细嚼慢咽，不挑食，不剩饭菜，尽量保持桌面、地面及衣服干净。

（3）餐后能分类收拾餐具，正确使用餐巾，主动漱口。

（4）及时如厕，会使用便纸，便后塞好衣裤。

（5）轮流参与值日生工作，乐意为同伴服务。

（6）在自主餐点中，能按照自己的需求量取餐，尝试自己拿、自己吃、自己倒、自己整理。

（7）安静入睡，保持正确的睡眠姿势（右侧卧或仰卧），不蒙头睡，养成良好的睡眠习惯。按顺序穿脱衣裤，并能将衣物叠放整齐放在固定的地方。

（8）早醒时保持安静，不影响同伴。

（9）按时起床，不拖拉，学习自己穿衣服、整理床铺。

主班教师

（1）营造温馨的餐点氛围，通过自主插牌、统计等形式关注幼儿饮水量与每个幼儿的喝水、餐点情况。

（2）提醒幼儿有序如厕、盥洗，做好餐前准备。

（3）鼓励幼儿有序、愉快地进餐，注意幼儿的用餐礼仪与生活习惯培养。

（4）提醒幼儿进行值日生工作。

（5）组织幼儿散步活动。

（6）营造安静氛围，提醒睡前如厕，指导睡前准备，防止异物进口、鼻。

（7）纠正幼儿不良睡姿，重点观察带病儿，发现神色异常要及时处理并报告。

（8）轻声提醒常尿床的幼儿及时如厕，发现尿床及时换洗其衣物。

（9）起床时观察幼儿情绪有无异常，提醒或帮助幼儿穿衣、整理床铺等，不疏漏个别幼儿。

配班教师

(1)关注如厕情况,对洗手动作不正确的幼儿给予指导。

(2)提醒幼儿适量喝水。

(3)帮助有需要的幼儿整理衣裤。

(4)协助幼儿做好入睡前的环境准备。

(5)共同指导幼儿盖好被子,安静入睡。

(6)在幼儿起床后开窗通风,逐一检查已经起床的幼儿的衣服、鞋带。

(7)帮助幼儿梳头,组织幼儿喝水。

保育员

(1)严格按照保健要求,仔细清洗消毒桌子、餐具。

(2)按要求准备点心。

(3)及时清扫,保持地面清洁。

(4)随时注意开窗通风,注意各季不同的通风要求。

(5)指导幼儿穿脱衣服,培养幼儿的自理能力,不包办代替。

(6)巡视午睡室,避免个别幼儿逗留卧室,指导幼儿整理床铺。

(7)看护幼儿午睡,经常巡视,关注入睡困难的幼儿。

幼儿园教育工作的特点就是班级保教人员作为统一的整体对全班幼儿实施影响。我们对保教人员在一日生活的各个环节都进行了明确的要求,使保教人员一日工作更加规范化、制度化。这样不仅可以确保幼儿生活制度和常规得到切实贯彻,而且也有助于良好保教工作秩序的建立。为了让每位保教人员明确自己的职责和具体工作内容,我们还开展了半日活动观摩、保教人员沙龙研讨、新教师应知应会培训等活动,让各项要求落实到人、落实到时间。但一日活动常规也不是一成不变的,比如根据新冠肺炎疫情防控要求,我们对一日活动常规又进行了重新修订。在一日活动应知应会中虽然对主班教师、配班教师、保育员进行了明确的分工,但在实施的过程中,更需要三位保教人员互相协作、互相配合。只有保教结合,才能更好地发挥教育的整体作用,提高保教质量。

第三节　关注儿童生活

《纲要》中指出:"幼儿园应为幼儿提供健康、丰富的生活和活动环境,满足他们多方面发展的需要,使他们在快乐童年生活中获得有益于身心发展的经验"。《指南》中指出:"要珍视游戏和生活的独特价值,创设丰富的教育环境,合理安排一日生活,最大限度地支持和满足幼儿通过直接感知、实际操作和亲身体验获取经验的需要。"

幼儿园生活环节是幼儿一日活动的重要组成部分,贯穿于一日生活的始终。《纲要》指出:"幼儿园必须把保护幼儿的生命和促进幼儿健康放在工作的首位,建立良好的生活卫生习惯,使幼儿掌握基本的生活自理能力。"幼儿园生活是幼儿生活的一个部分,幼儿园课程应该遵循儿童生命成长的基本逻辑,生命和生活相互关联。幼儿园有责任、有义务引导幼儿提高生活能力。陶行知先生认为脱离生活、脱离劳动的传统教育,会扼杀儿童的身心发展。幼儿园要关注儿童的生活,要利用日常生活的各个环节,发挥生活的独特价值,让幼儿在生活中学习,在生活中成长。

一、生活的独特价值

(一)保障幼儿的生长发育

幼儿身体各个器官的生理机能尚未发育成熟,对各种自然环境和社会环境的适应能力差,对疾病的抵抗能力和对压力的承受能力较弱。幼儿园生活活动保证了幼儿有充足的睡眠、合理的营养,满足了幼儿上厕所、饮水等生活的需要,为其生长发育提供了保障。

(二)培养幼儿生活自理能力和劳动观念

生活自理能力和劳动观念也可以在幼儿园生活活动中初步养成。我国独生子女家庭对孩子在生活方面包办代替太多,以致幼儿生活自理能力低下,劳动观念缺乏。而幼儿是未来的建设者、劳动者,他们必须是全面发展的人,有开拓创新和顽强劳动精神的人。从小培养幼儿生活自理能力以及热爱劳动的观念具有重要意义。在幼儿园生活活动中,可通过幼儿独立吃饭、如厕、穿脱衣服、午睡、卫生整理等,来提高幼儿的生活自理能力,培养其自我服务的劳动观念。

(三)养成幼儿良好的生活和卫生习惯

学前期是学前儿童形成各种习惯的关键时期。学前儿童的可塑性大,培养良好的生活习惯将使其一生受用。但是受传统观念的影响,家长非常重视孩子的智力开发,却往往容易忽略孩子生活习惯的养成,父母、祖父母包办代替多,孩子生活习惯和生活技能差。幼儿园生活活动为孩子提供了反复训练生活习惯和卫生习惯的机会,如饭前便后洗手、定时定量进餐、不挑食、不随地吐痰,有助于幼儿良好生活和卫生习惯的养成。

(四)培养幼儿良好的心理素质

幼儿园合理有序的生活活动不仅能够保证对幼儿身体的照顾,还有利于幼儿健康心理素质的养成。教师精心照顾幼儿的每一个生活环节,能为幼儿创造良好的心理氛围,使其保持愉快的情绪。幼儿积极地参加各项活动,增加同伴和师幼间的交往和合作,有助于其在安全愉快的环境中健康成长。

(五)培养幼儿解决问题的能力

幼儿在一日生活中会遇到很多问题和困惑,这些问题和困惑并不是幼儿学习的障碍,而是幼儿学习的内容、时机和方式。在幼儿生活中,存在着很多问题,如与同伴相处的问题、机会占有问题等,这些都是重要的契机,更是一个真实的体验场,可以让幼儿在真实的生活情境中培养解决问题的能力。

二、生活即课程,课程即生活

陶行知说过:"全部的课程包括全部的生活,一切课程都是生活,一切生活都是课程。"陶行知先生的教育思想非常朴素,但是细细想来,教育也真就如同陶行知先生所描述的那样:"教育的根本意义是生活之变化。"幼儿园课程生活化是幼儿教育回归幼儿生活思想的具体体现。幼儿园课程生活化与基础教育回归生活的理念是一致的,是现代教育理变革的典型表现,重建儿童的生活、关注儿童的生活,也就成了基础教育改革的前提性或根本性的工作。虞永平教授曾说过:"课程不是一个冷冰冰的文本,而是一系列源源不断的引人入胜的活动,呈现的不是人类分门别类的学科知识的地图,而是一幅儿童自身生活的画卷,其中有儿童对美好生活的享受,也有儿童面对生活中的挑战时的积极的应对和尝试。幼儿的身体发展尚不成熟,心智发展处于具体形象和动作性思维阶段。幼儿对世界的感知是具体的、感性的、直观的和个体化的,这是由幼儿身心发展的特点决定的。"所以,与其他年龄段的教育相比,幼儿教育更应该回归生活,幼儿园课程更应该生活化。

就拿"天气记录"为例,很多幼儿园都有天气播报,小小的天气播报活动里都蕴含了哪些教育的价值呢?幼儿用各种感官去感受天气的变化,发现不同的天气对生活产生不同的影响,并以画画的形式记录天气的情况,幼儿之间再互相交流与分享。课程应在幼儿已有经验的基础上,寻找新的生长点,帮助幼儿通过主动活动获得与已有经验相互联系的新经验,从而实现经验的深化与扩展,让幼儿在经验中、在情绪情感的体验中、在手脑并用的活动中、在主动参与中实现生长和发展。基于此,在天气记录活动中,产生了很多值得探讨的问题,比如为什么室内和室外的温度不一样、为什么早上和中午的温度又不一样、为什么会有雾霾等。下面的案例就是教师根据孩子们的生活经验策划的一个集体活动,孩子们可以从中体验温度记录的乐趣。

─[案例] 大班科学:气温变化

活动目的

(1)了解天气预报中的天气内容,认识常见的天气记录符号。

(2)学习用天气记录符号记录天气,并尝试用气温折线图记录气温变化。

(3)体验温度记录的乐趣。

活动准备

(1)经验准备:认识几种天气情况。

(2)物质准备:天气预报视频、天气符号图、气温折线图、笔、音乐等。

活动过程

一、关注天气状况,对天气预报感兴趣

谈话导入。

教师:"今天的天气怎么样? 你是怎么知道的?"

教师:"原来我们可以用眼睛观察、用身体感受天气情况。"

(简析:此环节以谈话导入,因为前一段时间幼儿每天都做天气记录,对天气产生了浓厚的兴趣,有一定的经验。这样来源于幼儿生活的轻松谈话,一下子激发了幼儿的兴趣。)

二、观察天气记录符号,了解天气记录的主要信息

(一)观察图片,了解教师幼儿共同讨论天气预报的主要信息

(1)教师:"老师带来一张天气图片,你看到了什么? 可以和身边的小朋友讨论一下。"

(2)教师根据孩子的回答,引导幼儿一起讨论。

1.天气类型

教师:"你认识哪个符号呀?"

幼儿:"晴朗的天气。"

幼儿:"雨天。"

幼儿:"雪天,小雪花飘下来了呀!"

2.温度

教师:"如果我们要知道温度,就需要测量工具。今天我就把这个宝贝带来了! (出示温度计)你们见过吗? 上面的数字是多少?"

幼儿:"22.6℃。"

教师:"再仔细看看数字的中间有个什么。(点)这个温度就是 22.6℃。这个能够测量气温的工具就叫温度计。"

3.风力

教师:"这又是什么标记?"

教师小结:"我们认识了晴天、阴天、雨天、雪天,还有温度、风力。原来有这么多气象内容呢。那如果要记录今天的天气,你会记录些什么呢?"

教师:"那除了记录天气类型、温度、风力,还可以记录什么?像这样的下雨天,我们可以做些什么事情?要注意些什么?"

幼儿:"下雨天要穿好靴子,带好雨伞。"

幼儿:"走路要小心,不然地上的水会湿了鞋子。我们可以穿雨靴。"

(二)幼儿自主记录天气情况

(1)教师:"今天就请你们当小小气象员,把天气类型、温度、风力,还有刚才你们说的要做的事情记录下来。"

(2)幼儿操作记录。

(3)幼儿分享。

教师:"谁来分享一下自己的天气记录?"

幼儿:"今天是 12 月 1 日,星期二。天气是雨天,温度是 23℃。注意出门要穿雨靴、带雨伞,我们在教室内进行活动。"

教师小结:"听了你们天气播报呀,我们大家对今天的天气情况有了全面的了解呢,谢谢你们哦!"

(简析:此环节引导幼儿用观察、讨论、游戏等自主学习方式,学习天气记录。生动简洁的图谱、轻松的谈话,使得幼儿在愉快的氛围中轻松学习。"天气记录可以记录什么""在不同的天气需要注意些什么"是对幼儿已有经验的一个运用,教师可以通过记录和交流,将他们的经验进行整合,形成新的完整经验。)

三、出示气温图,尝试用折线图记录气温变化

(一)教师幼儿共同观察气温图

教师:"气象员叔叔还给我们寄来了一封神秘信呢!哦,原来他给我们寄来了一周的气温图呢。来找一找星期一的温度是多少呢?你们找到在哪里了吗?"

教师:"怎么有两个温度呢?请小朋友来猜一猜。"

幼儿:"最高温度、最低温度。"

教师:"原来每一天都有最低温度和最高温度。红色代表最高温度,蓝色代表最低温度。"

（二）尝试用折线图记录温度变化

（1）教师幼儿共同学习用蓝、红点记录温度。

（2）幼儿分组操作。

教师："老师给每一组准备了任务卡，请你找一个好朋友，两两合作把一周的最高温度和最低温度找一找、贴一贴，再用线连一连，看看气温有什么变化。"

幼儿操作。

分享交流："谁愿意介绍这些气温图呀？这一周的温度有什么变化呀？那下一周呢？"

（简析：此环节特别设计了任务卡，让幼儿在挑战中参加手脑并用的贴点、连线记录气温变化的游戏，让幼儿更愿意主动参与其中。）

四、延伸活动

教师："通过气温折线图，我们一下子知道了一周的气温变化，我们还能知道一个月、一年的气温变化呢！今后我们也可以记录每天、每周、每月的天气情况，去发现更多气温的秘密。"

（简析：延伸活动让幼儿意识到科学探究来源于生活，科学知识服务于生活。让孩子从生活走向课程，再从课程走向生活，这是科学活动的真谛。）

我的思考

《纲要》指出，活动内容的选择应该既符合幼儿的兴趣和现有经验，又有助于形成符合教育目标的新经验，既贴近幼儿的生活，又有助于拓展幼儿的经验。对幼儿来说，天气记录是贴近幼儿生活的、令人感兴趣的活动。我发现班级中的幼儿对天气变化感兴趣、乐于播报天气情况，于是结合幼儿已有经验，预设主题"天气记录"，开展了一次科学活动。站在儿童的立场，和幼儿一起感知、体验、操作。"小小气象员播报天气"这个活动将天气记录和考虑天气变化的注意事项结合起来，有利于幼儿完整经验的建构，让幼儿意识到科学探究来源于生活，科学知识服务于生活。

（此案例由李敏老师提供）

引导幼儿关注生活，体验生活的教育价值。只要我们充分利用好这些生活环节和资源，就能极大地丰富孩子的经验。关注生活要求我们在课程建设中实现革命性的转变，从书面的知识转向生动的生活，从成人期待转向儿童需要，从简单接受转向在行动中学习。儿童只能在生活中学生活，在交往中学交往，在做人中学做人。幼儿园课程带有浓厚的生活化特征，课程内容来自儿童的生活，课程实施更要贯穿于儿童的生活。

第四节 游戏教学相融

随着课程游戏化的进一步推进,"以游戏为基本活动"也在我们幼儿园得到进一步贯彻落实。基本活动就是重要的活动,这是由儿童的身心发展水平(天性、游戏心)决定的。要充分保障儿童的游戏活动,就需要让自由、自主、愉悦、创造的游戏精神融入幼儿园课程,更需要教师在游戏中发现幼儿的无意学习并隐含教师的教育意图,使幼儿在游戏与教学的统一中获得自主发展。当教师以开放的思想创设游戏的环境,将教学目标隐性地融入环境由幼儿自由探索时,活动就变成游戏与教学的融合。集体活动这样生成,打破了以往教师根据教材制定集体活动的方式。

当然,游戏与教学相互融合、相互生成,需要教师具备较高的专业素养。如果做得不好,就会变成假游戏、真控制。如果教师的教学水平低,游戏与教学就是并列、相互独立的,因此教师要在幼儿自发学习中学会观察,慢慢地让两者走向融合。游戏与教学的融合程度,正是教师专业水平的重要体现。

我们在华师大华爱华教授的指导下,开始要求教师做好以下三点:

第一,放手游戏。面对幼儿的游戏,教师要先放手,如果不放手,就看不到幼儿的创造性行为,也找不到教学的"生长点"。

第二,看懂游戏。教师要思考"我在幼儿的游戏中看到了什么?(分享游戏故事)""我看懂了什么?(分析行为与发展的关系)""我该做什么?(建立游戏与教学的关系)"。教师在游戏中学习解读幼儿的行为,即解读行为与发展之间的关系,然后寻找幼儿行为与教学目标的连接点。

第三,回应游戏。看懂游戏之后,教师就能分析这些精彩的故事背后蕴含了怎样的学习和发展的价值,当会分析了以后,教师就会想到"我该做什么""这个情况我该不该介入""是不是需要生成教学"。

下面就以沙水游戏为例,来展示教师是如何基于幼儿游戏进行回应和支持的。

大班游戏案例:好玩的跳水游戏

我们在幼儿园的沙水池里提供了丰富的玩沙玩水的工具和材料,这些材料可以自由移动、组合。在前期的沙水游戏中,幼儿一直在探索长板,将长板变成跳水板、跷跷板,所以来到场地后,他们选择了长板、轮胎来组合并进行游戏。起初幼儿把长板架在水池边沿,探索两人和多人玩跷跷板的方法;之后幼儿又用轮胎将长板搭成平台,变成跳板,探索重量对平衡的影响;再后来,幼儿独自走在长板上跳入水中,长板由平的变成斜的。该游戏持续了两个星期,以下记录的是其中两个案例。

案例一:跷跷板变跳水板

第一次,幼儿把轮胎放在水池边缘,再把长板架在轮胎上,长板的一端深入水池中。第二次,幼儿把轮胎放在沙池中,把长板架在水池和轮胎上,发现轮胎不够高,又拿了一个轮胎,把两个轮胎叠起来。第三次,幼儿把一个轮胎放在长板上,用一个轮胎压住长板,但幼儿在协商后决定,还是把两个轮胎叠放,长板架在轮胎和水池边缘。第四次,一个男孩坐在轮胎后面的长板上,女孩尝试跳水,走到木板前端,在板上轻轻跳了几下,跳进水里。第五次,没有人坐在长板上,三个幼儿排队依次准备跳水,长板直接往上翘了起来。第六次,三个幼儿都站在长板上依次往下跳,男孩回头看,发现后面没人选择不在长板上跳,走到水池边再往下跳。女孩没有走到跳板前端就跳水里了。第七次,一个男孩从木板的一段走到另一端,感受到木板翘起来后,再跳进水中。第八次,一个男孩侧身从倾斜的木板上滑下来,滑到水中。

制作跳水板

第一次尝试跳水

走下木板,在水池边跳水

侧身从木板上滑到水中

第一次到第三次,幼儿通过相互协商、尝试摆放、调整位置等方法,确定了跳板的最终摆放位置和摆放方式。接下来的跳水游戏过程中,由于位置、人数的原因,板也会出现晃动,幼儿改变了游戏的玩法,由直接跳变成在斜着的板上滑下来再跳,每个幼儿都选择了自己想要尝试的跳水方法。

在幼儿游戏的过程的中,他们多次调整轮胎的摆放位置,每一次的跳水方式也有所不同。我很好奇:他们每一次调整的原因是什么?他们思考的又是什么呢?他们感知到重量的大小和平衡的关系了吗?在跳水的过程中,有人坐在后面压着和没有人坐在后面压着结果会一样吗?带着这样的好奇,幼儿们进行了游戏分享。

小美:"我看到电视里有些跳水运动员会在一条长长的板上准备跳水,所以我和然然还有俊俊做了一个跳水板,我把板从水池里拉出来,把轮胎也拉了出来,想要把板搭起来,可是发现一个轮胎不够,还需要一个轮胎。"(高度不够,需要两个轮胎叠起来的高度才能让板平衡。)

然然:"我看到水池对面有一个轮胎,就去拿轮胎,把轮胎拿过来,俊俊把轮胎叠在了另一个轮胎上面。"

俊俊:"我把轮胎叠好了,琦琦就过来把轮胎抱起来,压在了长板上,就像叠汉堡一样,两个轮胎中间夹了一个长板,因为有重量,我们走在板上面就不会翘起来。"(如果板的一端被压住,人走在上面,重量就会被平衡掉。)

小美:"我觉得不能这样放,这样会很危险的,轮胎的重量轻,而且板都翘起来了,走在上面不稳,还是用两个轮胎叠起来的方法比较好,然然就坐在后面,我往水里跳,真好玩。"(如果想要板平稳,架的高度要一样,坐着的人坐在越后面,跳板的人越稳。)

小泽:"我对然然说让他从板上下来别坐了,前面有三个小朋友,哪知道板一下子翘起来了,我一下子按住板,板就没有翘了,然然坐在很后面,前面的人站着也让板的一端变重了,所以跳的时候板没有晃动。就像跷跷板一样,跷跷板的一边都是人,很重,另一边只有一个人,不重。"(运用已有的知识经验来解释自己的理解。)

小希:"我在玩的时候后面没有人,我走在板的中间,小越跳的时候,我感觉自己被震了起来,如果人在中间的话,板是会翘起来的。"(在重心位置,孩子的重量不够,出现翘起来的现象。)

教师:"为什么呢?"(追问,引发孩子的思考。)

然然:"因为小希没有在后面坐着,我刚才坐在后面,小美在跳的时候就没有翘起来,我把她的重量给压住了。"

小希:"我觉得如果我们都站在长板上,板也会很稳定,可是后面要是没有人站着就不行。"

案例二:太重了所以要坐三个人

孩子们在玩跳水的游戏时,当橙色衣服的男孩跳水的时候,黄色衣服的男孩立马坐到了最后面。当条纹衣服的男孩去跳水的时候,木板另一端女孩的后面会出现两个人。条纹衣服的男孩第一次跳水把板给跳翻了,第二次跳水时,他的跳水位置发生了改变。

橙色衣服的男孩跳水

条纹衣服的男孩跳水

在孩子游戏的过程中,他们多次调整跳水的位置和坐在轮胎那一端的人数,他们好像很有目的、规则,他们是怎么制定默契的游戏规则的? 为什么穿条纹衣服的孩子跳水时,后面会出现三个孩子? 条纹衣服的男孩两次跳水的反应为什么会不一样? 带着这样的好奇心,我和孩子们进行了分享交流。

小梦:"有几次我从板上跳了下去,后来我就坐在后面,有人跳的时候我感觉他很重,把我都翘起来啦。"

教师:"为什么你要坐在板上?"(提出问题,引发幼儿思考背后的原因。)

小易:"因为我坐在上面板就会重一点,力度就大了,他们走上去的时候,板就不会弹起来。"(力作用在同一个物体上的两端,一边足够重,才能让另一边更加稳定。)

小可:"思源比较重,就小梦一个人坐着板就会翘起来,我就站在了板的中间,但还是不行,板还是翘了起来,所以小易加入我们,我们三个都坐在后面,思源一个人跳,板就不翘了。"(重量聚集在一端,有足够的重量才能稳定。)

教师:"在你们游戏的时候我拍了一段视频,现在我们一起看一下,你看到了什么?"(运用视频的方式重温游戏。)

小梦:"小易在跳的时候,小可坐在我的后面,小可跳的时候,小易坐在我的后面,他们就像是在兜圈圈。"(幼儿自行发现他们内在的游戏规则。)

教师:"为什么这样做?"

小易:"因为这样更稳。"(孩子有这样的意识,源于他们在游戏中能寻找到一种平衡的关系,他们这样做是有目的的。)

思源:"我在第一次跳的时候往前走,感觉板有点不稳。第二次跳的时候不敢走到前面去,我有点害怕,怕滑下去。但是后来我就敢了,他们三个人肯定比我一个人重。"

小可:"如果只有两个人坐在后面,板还是不稳的,思源重,所以需要三个人。"(跳的一端越重,另一端就需要更多的重量来平衡。)

这次的分享让我看到了孩子们游戏中的更多惊喜,孩子们对重量有了预判,并感知到重量对平衡的影响,他们能自己制定游戏的规则,也体现了大班孩子的社会性交往的水平与能力。

感悟与反思

1.放手游戏,在轻松愉悦中快乐游戏

游戏是幼儿的基本权利,是幼儿生活和学习的特有方式。在孩子自由选择材料、自由结伴、自主游戏的过程中,我们看到的是孩子在为自己创设游戏情景。幼儿在沙水游戏中结合自身的生活经验玩出了跳水游戏,自己踏上长板,用跳的、走的、跑的方式跳水,成为游戏的主宰者和主导者。他们学习、成长、挑战自我,和他人建立关系,在探究和发现中体验着无限自由。

2.观察幼儿,支持幼儿自主解决问题

在游戏中,我始终是一位隐藏在旁边的观察者,带着好奇心去观察、了解幼儿游戏的意图,支持他们深入探索。在这个案例中幼儿造跳水板,自己寻找材料,商量建造的方法,当出现不同的意见和声音时,他们协商解决问题。他们在游戏的过程中,自定游戏规则,如谁坐在后面稳定板,谁跳,如何交换,等等。为了让板更加稳固,他们探索了不同的方法,站在板的中间或一端,增加一端板的重量,跳的时候不要走到最前端,等等。他们在不断的尝试、探索中解决问题,创造新的玩法,如特意让板翘起来,从板上滑下来再跳水,等等,自然地促进了游戏内容的丰富和游戏水平的提升。

3.重温游戏,引发幼儿持续深入探索

一个持续发展的游戏阶段反映出一个不断递进的学习过程,这个学习过程恰恰是幼儿自己生成的,而非教师预设的。在游戏结束后的交流讨论活动中,他们的假设、猜想都是游戏行为的再现。在幼儿情景再现的过程中提出问题,引发幼儿思考问题背后的原因,例如:案例一中幼儿说前面的小朋友在跳的时候,就他一个人站在中间,感受到板在上下晃动。老师用简单的提问将幼儿解决问题的矛盾焦点提炼出来,幼儿则针对这个问题说出自己的想法和意见,并想出解决的办法。就在这样的过程中,引发了幼儿持续探索让跳板平衡、稳固的兴趣。在案例二中,我们也看到孩子能运用这些方法去解决问题。

4.鼓励幼儿,运用自己的"理论"解释游戏

我带着好奇去问幼儿,了解幼儿的真实想法,幼儿在用自己的方式解释

游戏行为时,我看到了他们眉飞色舞的样子,尽管他们的"朴素理论"与科学原理还存在着差距,但是他们能解释出:跷跷板的一边都是人,很重,另一边只有一个人,不重;因为有重量,人走在板上面就不会翘起来;只有两个人坐在后面,板还是不稳的,所以需要三个人,等等。他们已然对重量、平衡等有了自己的预判,能在已有的经验上提炼出自己的认知。

(此案例由季佳雪提供)

这是基于幼儿游戏和教师观察后的一次集体活动。在活动中教师提供充分材料,幼儿有足够的时间自主游戏。教师深度观察,从中发现需要通过集体活动才能更好地实现教育价值的契机。在组织活动时,教师充分利用照片、视频来帮助幼儿回忆游戏情境,分享游戏故事,和幼儿共同讨论游戏中的问题,帮助幼儿提升游戏经验。我们知道要"儿童在前",可是该如何真正做到"儿童在前"呢?如何在新的理念下有效开展教育活动呢?这个活动给我们提供了一个范例。

第五节　推进课程审议

1969 年,美国教育学家施瓦布第一次把"审议"作为课程研究的方式提出来,从那以后,课程审议逐步成为课程开发与建设的必要手段。南京师范大学虞永平教授指出:"幼儿园课程审议是幼儿园课程开发的重要环节,也是幼儿园课程问题得以解决、课程决策得以形成的过程。课程审议就是通过智慧对课程中的问题进行商议并做出选择和决策的过程。"课程在园本化的实践中,更需要发挥教师在审议中的主体作用。教师审议课程内容是否符合本园的实际情况以及幼儿的兴趣爱好、生活经验和发展需求,让课程更加园本化。

一、课程的三级审议

三级审议是指园级审议、年级组审议、班级审议的三级审议。

园级审议的主体以课程中心组成员为主,除了对课程理念、目标进行审议,重点是在学期初对课程计划进行纵向审议,并对课程的内容与形式进行审议,保证课程设置的合理性、均衡性、全面性,把握课程整体实施的方向。

年级组审议是指教师以年级组或备课组为单位,带领组内成员开展的审议,主要对主题活动开展时的集体活动、小组活动、区角游戏材料、家长工作、资源利用、户外游戏、专用室活动、日常活动等具体内容安排,对活动目标、组织形式进行审议。

　　班级审议则是由班内教师来完成的。教师根据本班幼儿的情况,对具体的活动、材料、环境、班级常规管理、幼儿活动时的兴趣需要、幼儿在课程中的问题进行审议。这么做主要是为了让班级活动更有序、有效地开展,让活动、环境、材料更符合本班幼儿的需求。

─[案例一] 大班组主题审议:探秘春天

　　以审议课程内容、解决课程问题、深化课程理解为目的开展大备课组活动。我们拟通过"我的问题""我的资源""环境预案"等方面来督促教师做好备课前的准备。教师以此针对课程中存在的焦点问题及困惑展开讨论,交流思想和经验。同时,教师对照备课中各项内容的要求进行审议和整改。

　　审议时间:2021 年 3 月 20 日

　　审议人:大班年级组

　　主持人:钱嘉庆

　　(一)主题背景

　　讨论:当春天来临,大班如何开展关于春天的主题活动呢?

　　教师 1:"孩子在小班和中班时已经积累了很多关于春天的经验。大班的孩子开展主题活动时还是需要调动以往经验。"

　　教师 2:"随着大班的孩子各方面能力的增强,他们对更多的事物产生好奇。所以,我们要关注孩子们的好奇点。"

　　审议后主题背景:

　　冬天过去,春回大地,万物复苏。孩子们会提出疑问:花儿什么时候开放?小草为什么会长出来?冬眠的小青蛙什么时候醒来?蚯蚓为什么会钻来钻去?哪些野菜可以吃?风筝是怎么做出来的?……

　　因此,我们将为幼儿创造很多与大自然亲密接触的机会,和幼儿在班级的种植区、饲养区,在幼儿园的户外场地上,在幼儿园周边的公园、树林里等地方一起探寻春天的秘密,让幼儿分享自己的发现和感受。同时,我们以春天为线索开展了各种游戏活动,发挥幼儿的主动性,让幼儿更多地参与到准备游戏材料、布置游戏环境等工作中去,在游戏中获得综合能力的发展。

　　(二)主题目标

　　讨论:链接《指南》,我们可以根据孩子的发展特点确立哪些主题目标呢?

　　教师 1:"艺术领域——感受与欣赏。乐于模仿自然界中有特点的声音,并产生相应的联想。乐于向他人介绍自己所发现的美的事物。艺术欣赏时常常用表情、动作、语言等方式表达自己的理解。愿意和别人分享、交流自己喜爱的艺术作品和美感体验。"

教师2:"艺术领域——表现与创造。能用多种工具、材料或不同的表现手法表达自己的感受和想象。能用自己制作的美术作品布置环境、美化生活。"

教师3:"语言领域——阅读与书写准备。专注阅读,喜欢和他人谈论图书内容。能初步感受文学语言的美。"

教师4:"感知并了解季节变化的周期性,知道变化的顺序。初步了解人们的生活与自然环境的密切关系。对自己感兴趣的问题总是刨根问底。探索中有所发现时感到兴奋和满足。能用数字、图画、图标或其他符号做记录。"

审议后的主题目标:

(1)感知并发现季节变化的周期性,初步发现季节变化对动植物和人们生活的影响。

(2)观察春天花草树木、瓜果蔬菜以及小动物的生长情况,用图画、符号等记录发现、表达想法。

(3)初步了解和春天有关的节日及其习俗活动。

(4)运用多种材料表现春天的花草树木和小动物,营造春意盎然的班级环境。

(5)欣赏各种有关春天的文学和艺术作品,感受作品所表现的春天的美,并用语言、动作及合适的声音来表现。

(三)主题活动

讨论:链接主题目标,可以预设哪些主题活动呢?

教师1:"链接主题目标'感知并发现季节变化的周期性,初步发现季节变化对动植物和人们生活的影响',我们可以链接语言集体活动'小小池塘'。"

教师2:"'小小池塘'的活动目标为欣赏并发现小池塘在四季中不同的美,理解小池塘与季节变化之间的关系,体会小池塘在四季的色彩、形态变化之美,这和主题目标的第一条是吻合的。"

教师3:"链接主题目标'观察春天花草树木、瓜果蔬菜以及小动物的生长情况,用图画、符号等记录发现、表达想法',可以设置美术集体活动'小蝌蚪变青蛙'、科学集体活动'蚕宝宝成长记'、日常活动'养蚯蚓'。"

教师4:"链接主题目标'初步了解和春天有关的节日及其习俗活动',可设置健康活动'春游去'、美术活动'风筝真美丽'、社会活动'传统节日——清明节'等活动。"

教师5:"链接主题目标'运用多种材料表现春天的花草树木和小动物,营造春意盎然的班级环境。'设置美术集体活动'鸡妈妈和小鸡'、日常活动'写生春天'等活动。"

教师6:"链接主题目标'欣赏各种有关春天的文学和艺术作品,感受作品所表现的春天的美,并用语言、动作及合适的声音来表现',可设置语言集体活动'迎接春天''春天是这样来的'等活动。"

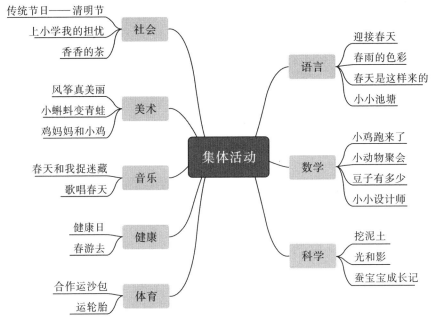

讨论:生活活动的内容及活动组织方式有哪些呢?

教师1:"我们可以利用自然角、种植园地的春种活动,让孩子们观察春天花草树木、瓜果蔬菜以及小动物的生长情况。"

教师2:"我们的晨间谈话活动可以围绕春种的主题,讨论种植园地可以种哪些植物。"

教师3:"有部分孩子对小蝌蚪非常感兴趣,如果可以,我们也允许孩子们把小蝌蚪带到自然角,观察其变化的过程。"

教师4:"对于天气记录,我们可以引导孩子们观察天气和温度的变化。大班孩子完全可以对天气变化、温度进行比较和统计,可以用折线图等形式进行记录。"

教师5:"关注大班孩子的兴趣点,从孩子的发现出发,提供材料,支持儿童的学习。我们可以更多地关注孩子们的发现。"

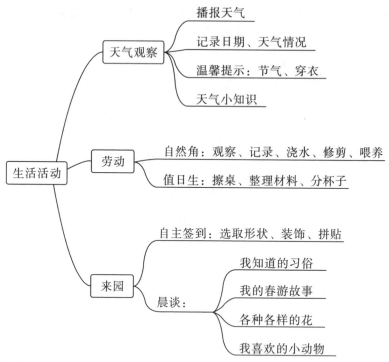

讨论:游戏活动的内容及活动组织方式有哪些呢?

教师1:"主题中有清明节的节日活动,在活动开展的过程中,我们可以借助专用室进行活动,让幼儿感受节日的习俗。比如孩子们如果做青团,就可以在民俗博物园获取相关的材料。"

教师2:"链接主题目标'运用多种材料表现春天的花草树木和小动物,营造春意盎然的班级环境',我们可以在美术创意园提供丰富的自然材料,引导幼儿来表达对春天的感受,比如'迎春花''柳树姑娘'等。"

教师3:"在艺术表现的过程中,幼儿可以参与到材料的搜集中,教师可以在带幼儿到幼儿园中寻找春天的过程中,让幼儿观察春天的变化及季节特点,同时搜集自然材料,进行创造性地表达和表现。"

教师4:"在阅读分享园中,教师可以提供和季节有关的绘本以及和春天有关的儿童诗歌等,引导幼儿自主阅读。"

教师5:"在沙艺体验园中,教师可以引导幼儿用沙画的形式表达对春天景物的观察,也可以开展'桃花''我喜欢的小动物'等艺术活动。"

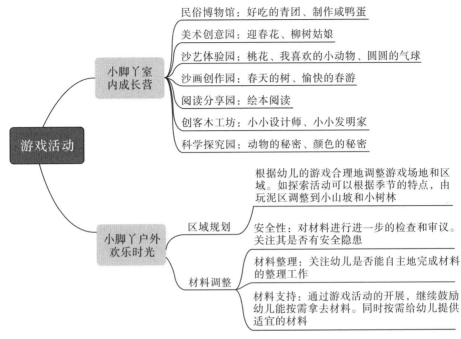

（四）主题环境

讨论：如何进行主题环境创设？

教师1："完善主题版面'探秘春天'。"

教师2："幼儿的作品和表达可以呈现在环境中，比如好看的风筝、春游计划书、春天的动植物、春天的天气等。"

教师3："我们可以给幼儿提供一个版块，专门呈现温度变化。形式可以是各种类型的统计图，如折线图、柱状图，便于幼儿对温度进行记录和统计，从而感知季节的温度变化。"

教师4："在环境中孕育教育意图。教师可以搜集各种温度计，同时搜集有关温度计的资料。"

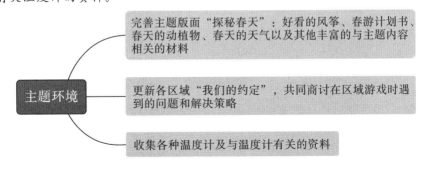

(五)资源利用

讨论:本主题中的资源利用有哪些?

教师1:"在我们的民俗博物园中制作青团的时候,老师可以邀请家长助教,因为有些老师可能也不是特别会做青团。"

教师2:"幼儿园的自然资源非常丰富。我们园里面很多花都开了,老师可以引领孩子在幼儿园里寻找春天,并组织写生活动。"

教师3:"老师可以发动家长资源,利用假期,带幼儿开展春种活动。同时,老师可以组织幼儿和家长一起春游,制订春游计划。"

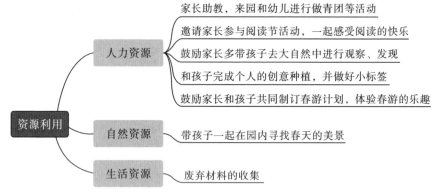

(六)家长配合

讨论:本主题活动中需要家长配合的内容是什么?

教师1:"鼓励家长带孩子外出开展春游活动,和幼儿共同制订春游计划。"

教师2:"和孩子共同探讨、查找资料,研究春季可以进行哪些春种活动。"

教师3:"家长提醒幼儿春天的天气变化,并鼓励幼儿养成根据气温变化自主穿脱衣服的习惯。"

教师4:"春天是传染病多发的季节。幼儿要有初步的自我保护意识,在家也要养成勤洗手、勤洗澡的习惯。"

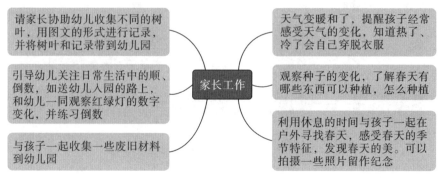

关注和提示

· 尊重幼儿的主体性,鼓励幼儿积极尝试、自主感知和创意表现。

· 重视记录的过程和价值,重视小组讨论和讨论后幼儿在集体中交流的过程和价值。

· 赞美幼儿的科学探究和艺术创作,有意识地询问幼儿遇到了什么问题、什么困难以及他们是怎么解决的。

· 在各类活动前做好充分的准备,确保活动目标的达成。

· 成人要以积极、美好的情感去表现、赞美春天,将这份热爱传递给孩子。

· 发动家长力量,和幼儿共同发现春天的美、品尝大自然的馈赠。

（此案例由陈小燕老师整理）

二、课程的三阶审议

我们一般把课程审议分为三个阶段,即前审议、中审议、后审议。以主题活动为例:前审议主要围绕主题选择的适宜性展开,即是否适合当下孩子的生活、兴趣、需要,预设的内容是否合适,目标是否适合本年龄段或本班孩子的原有经验,在主题中我们预设的活动有哪些,用什么组织形式。前审议让主题实施更具操作性。中审议是在主题实施中开展的审议,有对开展过的活动的精彩分享,也有对实施过程中出现的新问题进行的再思考、再审议、再调整,还有对接下来活动的进一步规划,做到有亮点共分享、有问题解决问题,及时调整主题的走向,支持孩子的学习。后审议一般指主题结束后的审议活动,主要以分享反思为主,分享主题实施中的精彩故事和成功之处,互相借鉴经验。同时后审议也注重主题实施后的反思,我们主要反思主题目标的达成情况,在主题中幼儿的学和教师的教是否得当,有哪些问题是需要在以后的主题实施中调整和改进的。除了主题活动,我们在很多审议活动中也都采用三阶审议。

三、课程的多元审议

对于课程审议,很多教师可能片面地将其理解为主题活动的审议,其实课程审议是多元的,只要与课程相关的内容都可以是审议的对象。如审议幼儿一日生活的时间安排,如何减少幼儿的等待时间,给予幼儿更多自发活动的机会;审议室内外环境,如何从幼儿活动的需要出发设计班级空间,而不是从利于教师管理幼儿的角度规划空间,让环境给幼儿带来更丰富多彩的经验;审议课程内容,让幼儿园课程内容符合幼儿发展的特点和需要,与周围的生活紧密联系；审议课程资源，挖掘和利用丰富多彩的课程资源，让基本的玩具、多样化的材料以及具有生命气息的环境成为最重要的课程资源，并把资源转化为幼儿的经验；审议一日活动的指导策略，让活动指导更灵活、多样，更有助于激发幼儿的积极性、主动性、创造性。

[案例二] 班级审议：天气播报

问题：幼儿每天只是进行简单的播报，语言简单，像在完成任务，且家长参与现象严重。天气播报应包括当天的气象信息，天气的渐变过程以及动植物、人类的活动与天气的关系。

审议内容

杨老师："'天气预报栏'的内容要依据幼儿的年龄特点而变化，观察天气与人们生活的关系，了解四季轮回的规律等。"

陆老师："幼儿的记录太单一了，我们可以引导幼儿学会如何记录天气，幼儿不仅要记录时间、温度、风力、湿度，还要提示大家怎样穿衣服。这样记录的内容就多了，幼儿播报的内容也多了。"

杨老师："我们还可以引导幼儿通过天气变化认识世界，通过新闻，让幼儿了解同一天不同的地方有不同的天气，以及同样的天气下人们的不同感受。"

审议前幼儿的天气记录　　　　　　　审议后幼儿的天气记录

[案例三] 班级审议：幼儿喝水

问题：《指南》中指出："让幼儿保持有规律的生活，帮助幼儿养成良好的饮食习惯"，但在一日活动中，我们发现有些孩子不爱喝水。

审议内容

生活老师："如厕时观察一下自己小便的颜色。如果小便发黄，说明缺水了,需要多喝水。"

纪老师:"我们老师会结合健康教育活动,让幼儿了解人为什么每天需要喝水。我们还可以营造喝水氛围,增强趣味性。比如制作一块版面,让孩子进行自主记录,同时利用榜样示范、同伴交流,使幼儿养成良好的喝水习惯。"

顾老师:"就像孩子来园签到插牌一样,我看到其他幼儿园也有设置这个版面,我们也试试看吧。"

 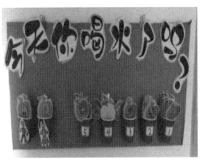

审议前幼儿的喝水记录　　　　　审议后幼儿的喝水记录

第六节　讲述课程故事

课程游戏化的推进改变了幼儿园课程的实施面貌,改变了我们的课程观。每一个儿童都意味着一种可能性,教育则是基于可能性的规划。让我们以开放的心态拥抱可能性,将儿童身上萌发的可能性变为现实! 这就要求我们给儿童充足的时间、宽阔的场地、丰富的材料、自由的游戏,给儿童无限可能,充分相信儿童是有能力的主动学习者。在这样的课程理念下,我们的课程应该如何实施;我们又应如何基于儿童的兴趣、爱好、经验、需求来组织活动呢? 如传统节日活动六一节、毕业典礼……一起来看一看孩子们和教师们的课程故事吧!

故事一:我们和"小香猪"的故事

在美丽的南丰幼儿园里有一个小角落,那里有可爱的小兔子,有漂亮的孔雀,有温顺的山羊,有胖乎乎的小猪……这里是孩子们最喜欢的地方,他们为它们打扫屋子,为它们准备美味的食物。孩子们有很多的好奇,他们好奇它们喜欢吃什么、长什么样、会生病吗,等等。就这样,孩子们与他们最喜欢的"小香猪"开启了一场属于他们的故事……

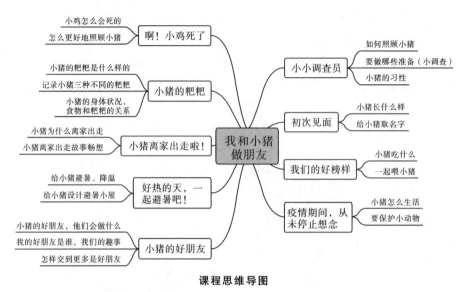

课程思维导图

我们的新朋友——小香猪

幼儿园的饲养角正式竣工并投入使用,幼儿园要养小动物啦! 那么这是会有哪些小动物呢? 小兔子,小鸡,小香猪,小羊? 小朋友们的小脸上露出了欣喜、期盼的神情,一个关于孩子们和小香猪的故事悄悄诞生了!

教师:"我们的饲养角建好啦! 幼儿园里要养小动物了,你们想养什么呢?"

幼儿1:"老师老师,我们要养小兔子,兔子毛茸茸的好可爱呀!"

幼儿2:"我去农耕园喂过兔子和小羊,我还看过小香猪跳水呢。"

幼儿3:"小香猪是不是香香的?"

教师:"小朋友们的意见是不一样的,那么我们来投个票吧,少数人听多数人的意见好不好呀? 那投票可以怎么进行呢?"

在和孩子一起讨论、动脑筋之后,我们进行了贴小标记投票,最终结果是小香猪以压倒性的票数获胜,我们和小香猪的快乐旅程开始啦!

小班幼儿年龄小,对世界充满了好奇,特别喜欢小动物,所以听到幼儿园要养小动物时他们都是很激动的。面对未知,孩子总是跃跃欲试,通过各种方法寻求答案。鸟为什么会飞? 鱼是怎么呼吸的? 小乌龟为什么躲在壳里? ……孩子们的求知欲很强,只要提到小动物,他们就会很有话聊,而且相互之间都可以交流经验,形成新经验。我认为活动是要跟着孩子的探索脚步进行的,教师要鼓励孩子们大胆地提出问题、表达想法并给予支持,同时还需要结合《指南》的发展目标去思考孩子可以在每个活动中获得什么,可以发展哪些能力等。

讨论投票方式

贴小标记的投票方式

分发小贴纸

自主投票

集体交流投票结果

投票结果：小香猪胜利

小小调查员

孩子们听到可以养小香猪都很兴奋，每天都在问我们小香猪什么时候来学校，把小香猪时时挂在嘴上。于是我们又在晨间谈话中展开了讨论。

教师："那小朋友们，你们知道要怎么照顾小香猪吗？"

幼儿1："我要给它喂吃的。"

教师："那小香猪吃些什么食物？喜欢什么呢？"

幼儿2："应该和我们一样吧，是饭饭吗？"

教师："我们遇到难题了，可以向谁求助呀？"

幼儿3："爸爸妈妈和老师。"

　　孩子们在遇到问题的时候,我没有立刻给予他们答案,而是反问他们遇到问题应该怎么办,帮助孩子建立起独立思考的意识。小班幼儿刚入园,正是学习能力养成的萌芽时期,我们要抓住孩子们的兴趣点,给他们提供机会,让他们和动物亲密接触,感受动物的成长。这样的生命教育有助于孩子们责任意识的形成,对孩子们来说是一场有意义的美好旅程。小班家长们也刚接触幼儿教育,幼儿园在平时组织活动时,可以多和家庭合作,利用家庭资源,给予家长理念引导,鼓励家长和幼儿园合作,一起帮助孩子们发展、成长。亲子学习有其特殊的作用,它是幼儿成长过程中必不可少的部分。

用电脑搜索调查

和爸爸一起观看小猪习性视频

在农耕园看小猪跳水

查阅书籍

幼儿用自己的方式(绘画、
贴纸)记录调查成果

家长帮助记录

画出小猪喜欢玩水

记录小猪爱吃什么

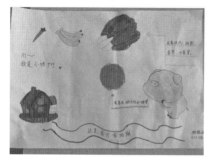
记录小猪的习性

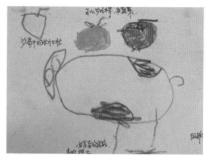
记录小猪爱吃的食物

集体交流、讨论

同伴交流、分享

初次见面

小香猪来到了幼儿园。在孩子们和小香猪第一次见面时,在一旁听到孩子对话的我们都觉得格外惊奇、有趣,孩子们平时都是在动画片里见到小香猪,在他们的印象里的小香猪就是小猪佩奇那个样子的,所以当他们看到幼儿园里这只小香猪时,都表现出惊讶和新奇。我们听听他们在说什么吧。

幼儿1:"咦?老师,它怎么长长的、胖胖的?"

幼儿2:"它是男的还是女的呀?"

幼儿3:"老师,它几岁了呀?"

幼儿4:"它的肚子都快荡到地上了。"

幼儿5:"它的耳朵大大的,感觉像个小扇子。"

幼儿6："它的尾巴是细细的,还是卷起来的呢! 好可爱呀!"

回到教室,老师让孩子们把刚才看到的小香猪画下来。

虽然孩子们原来以为小香猪是小猪佩奇那样的,但看到现实中的小香猪时,他们虽然很惊奇,却还是会很友好地和小香猪打招呼,并且认真细致地观察着小香猪。他们很喜欢这个朋友,还用画画的方式记录下这愉快、奇妙的第一次见面。在活动过程中我们支持他们去细致观察、交流讨论、大胆表达并记录,支持他们的探索行为,也尊重他们的兴趣和问题,保护他们的好奇心。

第一次见面

看看小猪长什么样子

小猪有大大的鼻子、可爱的鼻孔

画出小猪的鼻子

像弹簧一样的尾巴

画出小猪的尾巴

我看见的小猪(一)　　　　　我看见的小猪(二)

我们的好榜样

孩子们每天都会和爸爸妈妈一起准备小猪的口粮,一起思考什么样的食物适合小香猪吃,并且拽着爸爸妈妈陪他们一起,从买菜、洗菜到切菜再到装袋都准备得妥妥帖帖的。原来都还是需要大人照顾的小班孩子,现在一个个都变成了小哥哥小姐姐,照顾着他们的小香猪朋友。

幼儿1:"我要和我妈妈一起准备蔬菜,像大白菜、青菜之类的,我觉得小香猪都喜欢。"

幼儿2:"我要让奶奶带我一起去买菜,还要拿回家洗干净给小香猪吃。"

教师:"小香猪吃东西是怎么吃的呀?"

教师:"小香猪吃东西吃得干不干净呀?"

教师:"你们看,小香猪吃东西不挑食还干净,我们平时吃饭是不是也要向它学习呀?"

在准备食物的过程中,孩子们了解到小香猪的主食是饭和糠,同时它也要吃各种蔬菜水果来增强营养。孩子们也看到了小香猪进食的状态,小香猪吃得干干净净、长得结结实实的。小班孩子在平时还是有一些挑食行为,正好利用喂养小香猪的机会,我们和幼儿讨论了这方面的问题。现在孩子们都觉得小香猪是他们的朋友,小香猪身上的优点也是可以学习的,例如吃饭时孩子们都知道要向小香猪学习,养成不挑食的好习惯,也要像小香猪一样吃得干干净净。

田里摘菜　　　　　　看看我带的什么

把菜洗干净

将小猪吃的菜晒干

吃饭不挑食

多吃饭饭长高高

啊！小鸡死了，我要好好保护小香猪

有一天，中三班发生的一件事情牵动了我们班孩子的心。那天上午，我们排好队正准备去户外活动喂小香猪。中三班的老师带着孩子从我们班门口经过，只见一个小朋友手里拿了一个塑料袋，那个老师告诉我们他们养的鸡死了，他们准备去找钱老师处理一下。我们班的孩子们听见了，都在交头接耳，眉毛皱起，眼神里带着恐惧。"小鸡怎么会死掉呀？""那我们的小香猪会不会死掉呀？"在孩子们的讨论声中，我们又去看望了小香猪。那今天的孩子们格外温柔，给小香猪喂食时都是轻轻地放蔬菜，以前还有几个小朋友会调皮地把蔬菜扔进去，但今天他们都对小香猪关爱极了。

幼儿："老师，那我们的小香猪会不会死掉呀？"

教师："我们平时要注意什么呀？有时候大家会把菜放进小香猪的水缸里，你们觉得这样好吗？"

幼儿1："小香猪会肚子痛、拉肚子吗？"

幼儿2："小香猪会生病的，要去医院看医生的。"

幼儿3："我们要给它吃健康的食物。"

教师："那什么样的食物才是健康食物？怎样给小猪搭配饮食才健康呢？"

我们一起开始讨论,并且决定一起给小猪制定食谱,参照食谱给小猪丰富伙食。

幼儿在生活中不曾接触过这种生命教育,这次的小鸡死亡事件给了他们新的认知——原来生命是会逝去的。孩子们自己也开始意识到,不好好照顾小香猪,他们也是会失去这个朋友的。这样直接又有点刺激的感知让孩子在之后的照顾活动中也变得细致起来。这次的生命教育是一个很好的契机,我们和孩子一起认真地进行了讨论,也将一些我们平时拍到的小香猪食槽、水缸的照片放出来给孩子看,引导孩子更加深入地了解如何更细致地照顾小猪才能让小香猪不生病。

菜都是扔在地上的

水缸里的水是脏的

保证小香猪食物干净

更加细心地照顾小香猪

以绘画的方式制作食谱

贴贴纸

小组交流

集体交流

记录食物太多太少对小猪的影响

关注食物的种类和搭配

小香猪的便便

每次我们去小香猪家,孩子们都会认真地观察小香猪。有孩子观察到了小香猪便便是有变化的,便便的变化也让孩子们展开了讨论和思考。

幼儿1:"老师,你看,小香猪今天拉的便便怎么是黑色的呀?"

幼儿2:"对呀对呀,小香猪的便便和我们的颜色不一样耶!"

教师:"那你们觉得小香猪就是拉这个颜色的便便的吗?这是健康的还是不健康的呢?"

幼儿1:"我觉得应该就是这个颜色的吧,小动物和我们不一样。"

幼儿3:"我觉得这个便便是不健康的,小猪是不是很久没拉了,所以是黑色的。"

幼儿2:"可能水喝少了,吃了太干的食物。"

教师:"那我们下次再去照顾的时候观察小猪的便便有没有变化。"

某天,幼儿4:"老师老师,你看,小香猪今天拉的绿色的便便耶!他好健康呀,肯定是因为吃了好多蔬菜水果。"

某天,幼儿5:"老师,你看小香猪的便便怎么是稀稀烂烂的呀?"

幼儿6:"是不是着凉了,拉肚子了?"

幼儿5:"肯定是因为天气太冷了。"

幼儿6:"小香猪是不是要喝热水?蔬菜水果是不是要给小香猪煮煮

再吃?"

　　教师:"你们拉过肚子吗? 拉肚子时怎么办呢?"

　　幼儿 7:"看医生,打针。"

　　在观察小猪便便的过程中,看小猪的便便是什么样的,再根据它吃的食物分析便便的类型,并鼓励孩子将自己的发现记录下来,在全程的追踪记录过程中,孩子通过自己的观察,思考并了解到怎样的食物适合小香猪以及正确的喂养方式。

　　《指南》指出,鼓励幼儿根据观察或发现提出值得继续探究的问题,或由成人提出有探究意义且能激发幼儿兴趣的问题。对于便便这个事情,幼儿在生活中还是有相关经验的,因此在对小猪的观察中,当孩子看到小猪便便的不同变化,教师要鼓励幼儿联系生活进行交流、讨论,一起探究动物与人类的共性,例如:都要多吃蔬菜水果,不要喝脏脏的水。小孩们年龄小、经验少,所以我们要多引导孩子联系自己的日常生活互相交流。猪是孩子们的朋友,因此我们也引导他们把小香猪当成自己亲近的朋友去照顾。

黑色的便便

绿色的便便

稀稀烂烂的便便

孩子细心地观察

<table>
<tr><td>小组观察记录</td><td>小猪便便的追踪观察记录</td></tr>
</table>

小猪离家出走啦

一天,我们在吃午餐时听到了小香猪出圈的消息,就回去和小朋友们分享了这个新鲜事。小朋友们都很兴奋,相互讨论着小香猪出走的原因。

幼儿1:"它是不是饿了呀?"

幼儿2:"我们没有喂饱它。"

幼儿3:"它可能也想去玩幼儿园的玩具。"

作为成人的我们觉得平平无奇的事情,在孩子眼里却是有趣、值得关注的事情。小香猪离家出走对于孩子来说是一件很有意思的事情,特别是当他们看到小香猪在拱小三班的大白菜时,所有人都哈哈大笑。他们对于小香猪出圈的原因也有自己的猜想,孩子们开始站在小香猪的角度进行思考,这对于小班幼儿来说也是一个小突破。孩子们每天关心着小香猪的动态,所以我们一听到小香猪的动态也会和孩子们分享。孩子们保持着对小猪的兴趣和好奇,我们也在珍惜、保护这份热情。

<table>
<tr><td>小猪去了菜园</td><td>小猪吃菜园的菜</td></tr>
</table>

疫情防控期间,想念从未停止

每次家访视频,孩子们都会提到小香猪,"老师,小猪有没有人喂呀?""老师,小猪没有生病吧?""老师,我好想小猪呀!"我们也会在值班的时候拍下小香猪的照片,分享给孩子。"老师,它们一定很害怕,等开学了我把我的玩具给它玩。""我画画送给它。"

　　疫情时期是一段特别时期,这段时间里孩子们也有了不同的收获:了解了疫情防护的小知识,提升了自我保护的能力。孩子们的感情是最纯真的,疫情防控期间,虽足不出户,但他们对小香猪的挂念仍然通过小小的手机屏幕传递着。他们想到要保护小香猪,保护比他们更弱小的小动物。孩子们还用自己小小的力量呼吁身边的大人,给小动物制作礼物,表达自己的爱,这些行为给了我们无限的感动。小小的人儿有大大的爱,我们也在这期间尽力给幼儿传递小香猪的信息,和孩子们一起守护他们的动物朋友。

视频家访时孩子对小香猪
很关心

时刻关心小香猪

画幅画,开学送给小香猪

做了许多玩具和小香猪分享

好热的天呀,一起避暑吧

幼儿1:"老师,天气越来越热了,小猪躺在那儿肯定也很热吧,我们也给它降降温吧!"

幼儿2:"老师,我书包里有小扇子,我要去给它扇扇风。"

幼儿3:"我要带西瓜给小猪解渴降温。"

幼儿4:"给它洗洗澡,让它凉快些吧!"

幼儿5:"我觉得要给小猪盖一个洗澡的房子,方便它洗澡。"

孩子们想法多多,围绕小香猪的避暑问题的讨论就这样开始了。

从寒冬跨越到炎夏,在冬天孩子们担心小香猪的保暖问题,到了夏天,孩子们开始关心着小香猪的避暑问题。孩子们借鉴生活中自己的避暑方式,想通过自己的力量给小猪降温避暑,帮助它舒服地度过夏季。在下半学期的活动中,我们可以看到孩子们的各方面能力明显增强,特别是在动脑筋想办法、同伴合作方面其能力都有明显的提升。

我们的避暑方式:

我的避暑小妙招吃西瓜,
扇芭蕉扇

夏天的水枪大战最凉爽啦

遮阳伞撑起来

吃个冰激凌吧

我们给小香猪避暑：

小猪一定很热吧

我们来给小香猪扇扇风

吃个西瓜解解暑吧

小洋伞一撑，太阳不见啦

给小香猪设计避暑房子：

水龙头房子随时会喷水

带风扇的房子，还会喷冰水

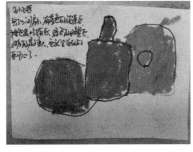

三间房间：淋浴房、吃饭房和睡觉房

爱心房，蓝色制冷、红色制热

小香猪的好朋友

幼儿1:"老师,你看,小香猪和小兔子在一起吃菜菜呢!"

幼儿2:"小羊也在小香猪身边呢!他们一定是好朋友吧!"

幼儿3:"好朋友们在一起玩真开心呀!"

教师:"那你的好朋友是谁?你和你的好朋友会做些什么呢?"

小朋友看到动物们也会相互做客,都很兴奋,他们发现动物们也有自己的好朋友,话匣子就这样打开了。幼儿还联系自己,谈了谈自己的好朋友,于是同伴之间的友谊也变得更紧密了。在这学期,我们能看到孩子们的同伴交往、合作越来越多了,这也是他们社会性能力的提升。

小猪的兔子朋友

小羊也是它的好朋友呀

我和好朋友玩角色游戏

交换新年礼物

一起种菜菜

一起玩滑滑梯

感悟与反思

在"我和小猪做朋友"活动中,我们真正地走进了孩子的世界,跟着他们的脚步前进。在照顾小猪的过程中他们有许多发现、好奇和疑问,我们要及时地抓住这些契机、抓住他们的兴趣点组织活动。因为孩子感兴趣,所以他们一直非常积极投入,最后的收获也是真正属于他们自己的成长和发展。我们以幼儿为中心,尊重他们的想法,鼓励他们自由、自主地探索,肯定并支持他们的探究活动,调动家庭、社会资源。大家一起合作,孩子的发展空间会更大、潜能更多地得到激发。

1.跟随幼儿,给予支持

这个活动全程都是以幼儿为主体,我们则最大程度地跟随他们。一开始我们会担心小班的幼儿探索能力较弱,但最后看下来,是我们低估了孩子,他们对自然界的探索欲望、对事物的好奇正处于鼎盛的状态,他们小小的嘴巴里每天都会蹦出许多的想法和问题,这些都是他们在感知世界、感受生活的痕迹。我们要做的就是时刻关注、观察好孩子的状态、兴趣点,给予他们适宜的引导,携手家庭、家园合作,为孩子的探索活动给予支持。

2.抓住契机,收获成长

《指南》中指出:"幼儿的发展是一个整体,要注重领域之间、目标之间的相互渗透和整合,促进幼儿身心全面协调发展。"我们在每个活动中都在最大限度地开发幼儿的潜能,因此教师要拥有敏锐的洞察力,要善于抓住教育的契机。孩子们在和小香猪互动的过程中,会觉得处处有契机,就比如他们对小猪便便变化的发现,就是在三言两语中出现的。皮亚杰说过:"幼儿始终是主动的学习者。"所以对于孩子们来说,学习不是最终结果,而是探索的过程。这个活动其实是贯穿整个小班学年的,我们可以明显地看到下半学期孩子们的交往能力、同伴合作能力、思维能力、学习能力、探究能力等都有显著的提升,这些能力都蕴藏在活动中,我们能明显感觉到孩子们在收获中成长。

3.感受生命的力量,感受爱的力量

陈鹤琴说过:"大自然、大社会都是活教材。"这场探索小香猪的旅程就是孩子们感受自然界不同生命的旅程,孩子在活动过程中认识生命的历程,感受成长的旅程,其热爱生命、敬畏生命、欣赏生命的品质从此被激发,进而形成正面、阳光的生命观。在照顾小猪的过程中,孩子们也在感受着奉献的快乐,这是一种爱的能力,一直是被照顾的他们也开始学习照顾别人,把自己的爱表达、展现出来,并一起感受爱的力量。

在活动中,我们看到了孩子们交往能力的提升,他们与同伴之间的互动交流机会更多了、联系更紧密了。我们也看到了孩子语言表达能力、思维能力的提升,他们能大胆地表达自己的想法并且思考如何更好地照顾小猪。我们还看到了他们开始有了解决问题的能力,他们从遇到问题只会哭泣的宝宝慢慢地成长为遇到了问题能向教师和家长求助的孩子。我们看到了亲子互动的重要性,家长与孩子一起调查,一起准备小香猪的食物,孩子们乐此不疲,家长们也由此看到孩子的爱心而倍感欣慰。我们也看到了孩子观察能力的提升,他们能观察到小猪的动态,而不是走马观花地看热闹。我们甚至看到了孩子们最纯真的童心和最温暖的爱心,虽然他们自己还是宝宝,但他们都在尽心地照顾小猪。这是一个持续了一学年的活动,却是极具意义的活动。相信进入中班,我们探索的脚步还会继续。

(此案例由陶静老师整理)

故事二:我的"六一"节我做主

说起儿童节,每年一到这个时候,全世界好像都变成了孩子们的世界。为了给孩子们过一个隆重的"六一"节,教师们布置环境、设计游戏、准备礼物,有时为了邀请家长们来园共同参加活动,还会给孩子们排练节目。这样的准备工作累坏了教师,折腾了孩子。这样的"六一"节是真正属于孩子的节日吗?还是让孩子们成了热闹秀场里"道具"呢?孩子们真的快乐吗?

"儿童立场"告诉我们,"六一"节既然是孩子的节日,就应该还给孩子。那"六一"节该怎么过呢?我们应该让儿童自己做选择、自己做决定。他们对什么感兴趣,我们就组织什么样的活动,真正做到让孩子过自己的"六一"节。

那么孩子想怎么过"六一"节呢?我们来一场调查吧。

为了了解孩子们想怎么过"六一"节,了解他们的真实想法,教师对孩子们进行了一场小调查。当教师问出"你们想怎么过自己的节日"这个问题的时候,没想到孩子们出乎意料地说了很多自己的想法。有的孩子想要到外面的小山坡或者小草坪上和好朋友郊游野餐;有的孩子想要让爸爸到幼儿园来,和自己来一场足球比赛;有的小朋友想要到小沙池那边玩蚂蚁大战的游戏……孩子们你一言我一语,表达着自己过"六一"节的想法和愿望,还把自己的想法画了下来。

梓涵:"把所有的礼物放在一个大盒子里,和每个小朋友分享这一个巨大的礼物。"

钟远:"'六一'节,我想要爸爸陪着我,一起去给妈妈挑一样妈妈喜欢的礼物。妈妈开心我就开心!"

赫轩:"'六一'节,我想和我的好朋友一起出去郊游,还想和好朋友交换心爱的礼物,和好朋友拥抱在一起。"

孩子介绍自己过"六一"节的想法

教师采访孩子想怎么过"六一"节

孩子介绍自己的过节想法

儿童"六一"节计划

有些想法在幼儿园没有办法实现,怎么办

孩子们对"六一"节很是期待,想法也非常多,但是,当看到孩子们的这么多的想法时,我们既对孩子们展现的不同想法感到兴奋,也对孩子提出的一些无法在幼儿园里实现的过节方法感到手足无措。那这时候我们该怎么办?要怎么样才能让孩子们达成共识呢?怎么样才能帮助孩子在幼儿园实现这些愿望呢?于是我们和孩子们进行了对话。在孩子们介绍自己过"六一"节的过程中,我肯定了孩子们的想法,希望他们的想法都能实现,也提出了问题:"子沐的这张愿望卡是希望和爸爸妈妈来一场野餐,可是'六一'节我们不能到外面,大家都在学校,那怎么办呀?"提出问题是想告诉孩子们,过"六一"节我们会面临的实际问题。不一会儿就有小朋友想出了办法。

可可:"我看到我们幼儿园楼下的角色区有一块小草坪,如果我们不能出去,那能不能让爸爸妈妈到学校来呀?"

一楠:"我们可以让爸爸妈妈准备好帐篷,还能和我的好朋友一起野餐,感觉更快乐啦。"

……

有时候我们不得不佩服孩子的想法,在自己做主的"六一"节活动中,遇到一些小小的问题，孩子们总是能自己想办法去解决，让我看到自主"六一"节活动的内在动力。经过商量、讨论，最后孩子们把能在幼儿园开展的活动、能实现的想法留了下来，自己选择想玩的项目。

孩子们自己选想玩的项目

给我喜欢的活动制订计划

孩子们选好自己想玩的内容后，他们找到了玩相同活动的小伙伴，又进行了一次交流讨论——该怎么玩呢？在交流中孩子们提出了很多的想法：玩这种游戏的有多少人？我们需要准备一些什么呢？孩子们一边讨论，一边制订着计划。

通过交流讨论，孩子们制订好了计划。玩水枪大战的孩子们，把在哪里玩、如果水没了怎么办、要带上雨衣雨鞋这些都画在了游戏计划之中，他们甚至还讨论了水枪大作战。孩子们考虑得非常多，反映了他们对水枪大作战活动的喜欢和制订计划要思考在前的想法。和动物一起玩的孩子们则讨论着要给小动物带什么吃的，把动物和其喜欢吃的东西记录在自己的计划之中。他们还想把动物放出来让它到幼儿园里散步，如果动物不想回家，就用吃的把动物吸引回家，十分有趣。

孩子们制订自己的"六一"节计划

孩子们思考着要玩什么

玩同一种游戏的孩子共同商量

介绍游戏计划

盼望着,盼望着,"六一"节终于到来了。孩子们按照自己制订的计划,和好朋友过"六一"节,他们提前把需要的材料、工具带到幼儿园,享受着欢乐时光。

到处都是圆圆的泡泡

拿着各种泡泡器的孩子们来到了大操场,有的挥舞着泡泡器,有的追着泡泡到处跑,玩着玩着,孩子们发现大操场比较空旷,泡泡容易飞到天上去。子欣和宇轩一个在吹泡泡,一个在追泡泡,过了一会儿,子欣向我这边走过来。

子欣:"老师,大操场上的风有点大,我吹出来的泡泡一下子就飞到天上去了,宇轩都追不到我的泡泡了。"

教师:"那怎么办呢?"

子欣:"我想到树林里去吹泡泡,有树挡着,风就没有那么大了。"

于是有一部分孩子来到了小树林吹泡泡,孩子们发现泡泡飞得没有那么快了,最后孩子们总结出了一个道理:树和房子可以挡住风。

小涵带的是电动泡泡器,吹出来的都是小小的泡泡。那么如果用泡泡来作画是什么样的呢?他拿着泡泡器贴近树林里的小汽车,平时是用颜料画,今天用泡泡画,紫银看他这样作画很好玩,也跟着这样玩,他们又多了一种玩泡泡的体验。

泡泡飞起来

小树林里的泡泡好梦幻

泡泡到汽车上会怎样呢　　　　　　　　想想看,接下来到哪里去吹泡泡

和小动物们约个会

　　孩子们来到幼儿园的动物园后,时不时地传出笑声和叫喊声。小羊的绳子没有系,它跑了出来,跑得很快,大家都去追小羊,想把小羊赶回羊圈。可是小羊似乎不想回到羊圈里,和孩子们玩起了"躲猫猫"的游戏。这时我并没有介入,在旁边观察,看孩子们怎么把羊赶回羊圈。第一次,孩子们直接跑过去,小羊也跑了,换了个地方吃草;第二次,他们压低身子,慢慢地、轻轻地走过去,刚碰到羊的背上,小羊又跑了。就这样反复了好多次,羊还是没有回去。琪琪从塑料袋里拿出白菜叶子,试图吸引小羊吃,结果,小羊真的吃了,琪琪就一边拿着白菜叶子,一边慢慢地退回到羊圈。回到教室分享自己游戏故事的时候,孩子们表达了对动物的喜爱,他们在真实的情景体验中了解到小动物们喜欢吃什么,发现小羊喜欢吃的东西种类最多,有小菜园的青菜、玉米苗、菜椒的叶子、竹叶、枇杷叶,等等。

和小羊捉迷藏　　　　　　　　　　　　小羊喜欢吃菜叶子

一起喂小鸡

小兔子真可爱

带小鸡一起散个步

孩子们用画笔记录(今天"六一"节,我准
备了很多食物喂小兔子,我发现小兔子
比以前多了几只,可能是兔妈妈生的
吧,小兔子很喜欢吃我准备的食物)

孩子们用画笔记录(我发现小猪特别
能吃,我带的花菜都给小猪了,小猪
还没吃饱)

孩子们用画笔记录(今天我去饲养区
给小鸡喂大米,今年来了好多小鸡,
有一只是黑色的,我给它们加了水,
怕它们渴了)

就想痛痛快快来一次搭建

鹏鹏和他的小伙伴们在上一次的户外建构游戏中没有完成火箭炮,于
是在"六一"节的计划中他们制定了要继续做超级火箭炮的这件事情。在制
订计划的过程中,孩子们构思了这次的火箭炮要大、要高,射程要远。鹏鹏
对火箭炮、导弹、航母、舰艇这些非常感兴趣,所以让火箭炮的射程远对他来

说是有一定把握的。在搭建的过程中,孩子们非常有目的性,先围出一个大圆作为自己的"基地",随后在"基地"里搭建,大概的形状搭好了以后,他们开始给火箭炮装饰,让它具有更多的功能。

怎么放呢

竖起来更合适

超级火箭炮

我们一起合作

做个许愿瓶,装下我美好的愿望

每个孩子在童年都有小小的愿望、大大的梦想。"六一"节这天,我们给孩子们准备了许愿瓶,拿到许愿瓶后,糖果就说:"我想把我的许愿瓶装饰得很漂亮。"在这之前我并没有说过许愿瓶还要装饰。孩子们的想法非常好,这样就能做一个独一无二的属于自己的许愿瓶,我非常尊重他们的想法。我问:"你们想怎么装饰?"有的孩子说上面要都是爱心,说明非常有爱;有的孩子说要用五彩的毛线绕在上面,很漂亮;有的孩子说要折一些花朵放在上面;有的孩子说要在里面塞一些彩色纸……每个孩子的想法都很独特,最后他们的许愿瓶就像他们所说的那样,每个人做出来的都是不一样的。

装饰我的许愿瓶

画一画我的梦想

和许愿瓶合个影

装下我们的小小愿望

用画笔留住我最爱的幼儿园

幼儿园总有一个地方是孩子们非常喜欢的。小天说:"我最喜欢幼儿园的大草坪,在草坪上我总能闻到一股清新的味道。"阳阳说:"我想画幼儿园的玉兰树,很怀念在树下捡果子的时候,所以我要记录下来。"可欣说:"树根下我挖到了很多的皮皮虫,不知道现在还有没有,我想把它们的家画出来。"……孩子说的点点滴滴都和户外、草地、自然有关,也让我想到了维果斯基提到让孩子到户外,在蓝天下学习。亲近自然,在自然中观察、发现和探索。

画一画我最喜欢的地方

画一画我的梦想

尽情享受沙水游戏

很多孩子对沙水游戏念念不忘,这次的沙水区又增加了一些新的材料,很多孩子都想去玩一玩、试一试。

佳美早就对沙水区的引水游戏感兴趣了,但是前几次尝试了好几种材料,总是觉得不方便,这次有新的管子,她想试一下能不能用新的管子把水引到竹板上。她试了好多次,水龙头是朝下的,所以管子就要往下接,由于竹板比较高,她接了横向的管子后再往上接,调整角度后,再接一根管子连接到竹板上,打开水龙头后,水真的沿着管子流动。只是,水不停在水龙头那边的接口处冒出来,于是她又用小手堵住水,发现不行后,就又去找别的材料尝试堵住水。佳美一直在不停地探索,她发现的几种引水方法中,今天这个是比较成功的,之前的透明软管虽然也能接水,但是材料有点重,管子有点长。

很多孩子都在沙水区中进行着探索与发现,他们发现了干沙和湿沙用筛子筛的效果不同,把塑料管插到沙池里可以玩火山喷发的游戏……

看看水是怎么流动的

和好朋友一起筛沙

快乐"六一"合个影

玩沙玩水真开心

做个水果拼盘,我们一起分享

孩子们围坐在一起做水果拼盘,元元很快就完成了水果拼盘,它把西瓜拼了一圈,拿过来给我看,一旁的小旭说:"哈哈,你这个也太简单了吧。"我问:"你觉得水果拼盘是什么样的?"小旭说:"我要将蓝莓和草莓放一起,中间放黄色的橙子。"我问别的孩子:"你们想做什么样的水果拼盘呢?"有的孩子说想做一个椰子树造型的水果拼盘,她的妈妈给她看过这样的水果拼盘;有的孩子说想做一个小兔子的水果拼盘;有的孩子说想做不同水果一圈一圈绕出来的水果拼盘。当孩子有了自己的想法以后,他们就开始做属于自己的水果拼盘,摆出自己认为最好看的造型。

大家一起做水果拼盘　　　　　　　　　想想看怎么摆呢

感悟与反思

以往的"六一"节活动大多数都是教师预设的,活动更多的是按照设定好的内容开展的,但现在的"六一"节活动则是由幼儿主导的、凸显儿童本位的。

问一问,了解孩子的真实想法。一个活动在组织之前教师要问一问孩子的想法:"你想怎么过'六一'节?"在轻松的氛围中,孩子们都表达着真实的想法,这就是从被动迈向主动的第一步。

嗅一嗅,共同解决孩子的问题。教师要有敏锐的"嗅觉",帮助孩子在真实的问题情景中寻求解决问题的方法。当孩子说出各自的"六一"节想法后,自然会有一些孩子的想法、愿望是教师没办法实现的,这时候教师用自己的敏锐的教学能力追问:"你们这些想法、愿望老师都想帮你们实现,但是有些活动我们没办法在幼儿园开展,那怎么办呢?"前半句表示对孩子的认同,后半句就是提出问题,让孩子在问题情景中去想办法。

看一看,老师是幕后的观察者。之前的每一次活动都是教师帮孩子策划,那现在孩子自己策划活动,该怎么玩呢? 在活动中我们看到,几个想玩同一种活动的孩子聚在一起,聚精会神地思考,一起做着计划,这对于他们来讲是一个多么好的合作学习的机会。他们需要表达自己的想法,需要决策由谁来画出计划,遇到不同意见的时候大家共同协商,画一些什么内容、组织一些什么活动也都需要孩子进行小组讨论。在这个过程中,教师重点在于观察、支持孩子的想法与行为,成为幕后观察者和支持者。

（此案例由季佳雪老师整理）

故事三:民俗节日——元宵节

吃元宵,品元宵,元宵佳节香气飘;猜灯谜,耍龙灯,元宵节日快乐多。春节的鞭炮声余音未散,元宵节已踏春而来。自古以来,元宵节就有许多传统民俗活动,孩子们对其有哪些自己的认识。孩子们又准备怎么过元宵节呢?

教育学家陶行知指出:"一切课程都是生活,一切生活都是课程。"孩子们的课程来源于生活,生活中蕴含着取之不尽的教育资源,只有源于幼儿生活的教育才能真正促进幼儿的发展。让幼儿成为活动的主人,在自己的主秀场体验不一样的元宵节。

什么是元宵节

关于元宵节的主题,孩子们在幼儿园已经开始讨论、分享。为了丰富他们的经验,家长们与孩子们一同查阅了元宵节的由来,同时通过自己带来的元宵节故事书,丰富了元宵节的内容。

农历正月十五日为元宵节。正月为元月,古人称夜为"宵",而十五日又是一年中第一个月圆之夜,所以称正月十五为元宵节,又称"上元节"。

围绕"元宵节是怎么来""元宵节时可以做些什么有趣的事情",孩子们进行了一场讨论会。

翎蝶:"汤圆是圆圆的,所以叫元宵。"

小昱:"在元宵节,我们老家要放花灯许愿。"

祎祎:"为了赶走凶禽猛兽,家家户户都悬挂灯笼、放烟火来纪念这个日子。"

嘉嘉:"奶奶说古代的人会在这一天祈福。"

浩浩:"过了元宵节就算正式结束新年了,在这一天大家都挂上灯笼,吃元宵,期盼自己来年都棒棒的!"

大家讨论元宵节的由来

看看书里关于元宵节的知识

通过同伴讨论、分享,孩子们进一步了解了节日的由来。孩子们相互讨论着自己想要知道的问题:元宵节吃的元宵是怎么做出来的?元宵节的灯谜是怎么编出来的?同时他们分享着自己了解的元宵趣事。我感到很惊喜,孩子们都为元宵节而拓展自己的知识面,有的孩子还在纸上记录自己想知道的事情和自己已经知道的事情。

元宵节,我想这样过

经过了家园合作的探索、孩子的自我发现、师幼的共同探讨后,我开始了思考:我们的节日课程该如何更好地融入孩子的生活中。我意识到,应该给予孩子更多体验的机会,所以我给孩子们提出了一个问题"你们想在幼儿园里过元宵节吗?"孩子们开始讨论他们到底想要怎样过元宵节,他们在自己的节日计划纸上画自己的过节形式。画灯谜、猜灯谜、做汤圆、赛龙舟、做花灯出现在孩子们的节日计划中,呈现出孩子们特别的元宵节。

画一个灯谜猜一猜

吃着汤圆赏灯谜

我要做一碗好吃的汤圆

我要玩一玩耍龙灯

我要做做小花灯

我在沙画台上画元宵

元宵节灯谜怎么做

在第一次灯谜制作的过程中,发生了很多有趣的事情。孩子们自己画自己的灯谜,对于材料的选择,他们也进行了很多第一次尝试,最终都以失败告终。很多孩子画出来的灯谜,大家一看就能猜出来。那么灯谜到底该怎么制作呢?制作灯谜需要哪些材料?灯谜上面要画些什么?怎样让其他的小朋友也来猜灯谜呢?针对第一次失败,孩子们又开始了以小组的形式进行了探讨。

在第二次的制作中,蕾蕾发现了书本中的秘密。她看到了介绍元宵节的书本中,在一个很小的地方有一块内容是介绍灯谜的,于是大家围着书看了起来。有的小朋友讲述着书中灯谜的内容。于是,蕾蕾开始和小伙伴们找材料、选地点,合作式小组活动开始了。他们在完成灯谜制作后和班级里的小朋友们一起分享自己画的灯谜,创意无穷的谜面让大家脑洞大开。

灯谜上面有什么?

茗溪:"猜灯谜就是灯笼下面有一张纸,有的纸条是有字的,有的纸条上是有图画的。"

我创作的灯谜

宛霖:"我做的是'长长耳朵,蹦蹦跳跳,打一小动物'的灯谜。"

钰菡:"我创作的是'黄黄衣服,浑身刺,酸酸又甜甜,打一水果'的灯谜。"

画一画我的小灯谜

猜一猜我的灯谜是什么

我们的灯谜亮相

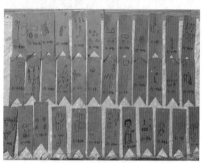
一起来猜一猜我们的灯谜吧

孩子们在观察、尝试中创作完了灯谜,有的小朋友画出了最具特点的局部,如画出了草莓的叶子和小点。有的灯谜用连线的方式就能猜出谜底。他们有着自己的想法和创意,当他们制作完灯谜后,也发现了一系列的问题:把灯谜放在哪里才能让更多的小朋友一起来猜呢? 我们要怎样把灯谜挂出去呢? 这些灯谜要让大家看得见,因此要挂在灯笼上面,让所有的小朋友们都来猜猜我们的灯谜,孩子们的讨论也更加热烈了。选地址、挂灯笼、贴灯谜,孩子们开始忙碌起来。洋洋说:"大家都要从这里走,这里人最多。"萱萱说:"这里地方大,可以挂很多灯谜给大家猜一猜。"最终一楼的过道成了挂灯谜的最佳地点。

挂灯笼啰

我们一起挂灯笼

我猜出的灯谜

钰菡:"我猜的是草莓的灯谜,因为我脑子里想的是我吃的草莓是什么样的。"

宛霖:"我猜的是汤圆的灯谜,因为画的圆圆的东西,还有碗。"

怎么画灯谜、挂灯谜、猜灯谜,灯谜应该挂在哪里? 这些看似简单的问题,对于孩子们来说意义重大,他们会因此思考,想办法解决问题。在活动中,他们有了对于节日的了解,也对活动场地进行了选择与布置。在热闹的氛围中,孩子们的猜灯谜游戏持续了一周,他们非常喜欢这个游戏,每次散步经过的时候,他们都会停下来欣赏自己的灯谜,猜猜别人的灯谜,这是孩子们一次成长的足迹。

你猜出来了吗

看看这个小灯谜

你看上面是什么

瞧！我认真猜灯谜的样子

品尝美味小元宵

经过了幼儿园元宵节猜灯谜的活动后，孩子们更加积极地参与自己的元宵计划，他们开始着手活动的前期准备工作，讨论着自己想吃的口味，并分工准备材料。

材料准备好了

我们榨个蔬菜汁

动动小手和米粉

五彩汤圆做好了

他们惊奇地发现，不同的蔬菜、水果能榨出不同颜色的汁液。把活动归还给孩子，让他们自己认真参与做汤圆，让他们更多地关注自己的感受，体验自己动手带来的快乐。

我的元宵游园会

孩子们还有很多想玩的游戏，这可怎么办呢？幼儿园里举办的游园会活动开始了,前期我们搜集了孩子们想玩的活动,融入每个班级,让孩子们自主选择。这里充满欢声笑语,快乐的身影在游园会活动中"闹"了起来。孩子们在活动中挑选着自己喜欢的游戏项目,眼睛里都带着快乐的光芒。他们喜欢这样的活动形式,这些活动更贴合着每个孩子不同的兴趣。追随孩子的脚步,慢下来了解每个孩子的需求。男孩子们的斗鸡,女孩子们的打扮,在这样元宵游园会中更显得生动有趣。

　　热热闹闹的元宵节,孩子们自制花灯,充满趣味的灯谜,创意童趣的作品,嬉笑热闹的游园会,这个元宵节不一样。欢声笑语,红红火火,元宵节充满了孩子的朝气,孩子们用自己方式记录着元宵节自己做过的以及发生过的开心的事。

我们准备出发吧

我们一起出发吧

斗鸡

划旱船了

卷炮仗

扭秧歌

抬花轿

舞龙舞狮

做灯笼

做窗花

和好朋友一起跳舞

我们一起舞龙

收到礼物了

自己打扮得美美哒

玩了很多有趣的游戏　　　　　　　　和好朋友一起玩

感悟与反思

在这次的元宵节主题活动中,我们看见孩子们脸上的笑容,看到他们在商讨时认真的表情,他们的意见有时会有分歧,有时又能完美地契合。我一直在思考:对于孩子来说,节日课程背后的意义是什么? 随着活动的持续开展,让我们欣喜的是他们提出的解决方法,以及他们对活动有着很强的组织能力。他们一直在用自己的方式学习……

1.追随孩子的步伐

以幼儿为主体,最大限度地跟随他们,我们可以发现孩子们虽然小,却有着不可预估的能力。孩子们发生分歧时,我也会有很多的想法,比如要不要去介入、他们能不能自己解决问题,我会有太多的担忧和思虑。但最后他们用自己的方法解决了。大班的孩子有看待世界、处理事情的能力。在创作灯谜的过程中,孩子们给了我很大的惊喜,在首次尝试失败后,他们创造性地进行谜面的创作,一步一步地通过图书中的细节发现谜面的内容,共同获取解决问题的办法和能力。有时候,把脚步放慢,就会发现不一样的风景。放手让他们去探索,追随他们每一次活动的步伐,就会有不一样的发现。

2.倾听孩子的声音

童声里有着妙不可言的世界,孩子们在每一次的活动中总会和同伴、老师表达自己的发现。他们的言语中透露出对事物的看法以及心声。听一听孩子的声音,慢下来,真的会有很多不一样的发现。

在活动中,我们看到了孩子们对于节日课程的想法,看到了孩子们发现问题、解决问题的能力,看到了孩子们活动交往能力的提升以及他们对于同伴之间意见分歧的处理。这些都是节日课程过后留下的值得我们深思的问题。孩子们在活动中有没有收获成长,遇到问题他们是怎样解决的,这些是值得老师们认真梳理的。

一切要以孩子为中心,让孩子做自己想做的,用自己的方式去探索、了解每一个节日背后的秘密……

（此案例由顾海香老师整理）

119

故事四：留存最美记忆，我们的毕业季

时光飞逝，还有几个月的时间，幼儿就要离开生活了三年的幼儿园进入向往的小学，开始新的学校生活。为了帮助幼儿尽快适应小学生活，教师和幼儿一起讨论交流，了解他们对于即将到来的小学生活的真实想法；教师和幼儿共同分析、讨论，帮助他们减少焦虑情绪，为入学做好必要的心理准备，让孩子们信心满满地迎接新生活的挑战。

对于毕业，我们的想法

孩子似乎对毕业已经有了一些了解。在交流的过程中，大班的教师都觉得孩子们对毕业有着渴望，对小学生活充满期待，但是他们又对自己的小伙伴、教师感到不舍。有的孩子认为毕业就是再也不能来幼儿园了，毕业就是要和好朋友、教师分开了，毕业就是要去上小学……毕业季如约而至，幼儿园大班的宝贝们就要进入小学，开启人生新的学习旅程。面临全新的小学生活，孩子们有好奇，也有很多担忧。

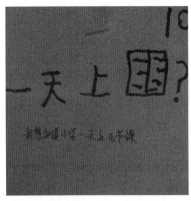
我想知道小学一天上几节课

我会不会每天坐校车上学

小学有什么好吃、好玩的

我想知道为什么小学生要去操场
上站那么久

小学里怎么找到自己的小床

我想知道上小学是什么样的

我想知道上了小学能不能养鸡

幼儿对小学生活的提问
单位：班级

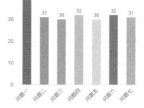

● 问题一：小学是每人一张桌子，幼儿园是几个小朋友在一起……
● 问题二：那是一张讲台，上面用来放我们上课用的电脑和……
● 问题三：教室的墙上有很多的名言名句，一张很大的照片……
● 问题四：小学的书桌下面有一个洞，还有一个架子。
◎ 问题五：这个洞可以用来放书包和其他的学习工具。
● 问题六：教师的前面和后面都有一个黑板，前面是用来上课……
● 问题七：小学生的桌子是每个人一张，我们幼儿园是几个人……

孩子们对小学生活的提问统计图

小学对于孩子们来说，是一个既陌生又令人期待的地方。在孩子们的眼中，小学是什么样的呢？让我们一起来听听孩子们的心声吧！

涵涵："教室的墙上有很多的名言名句，有一张很大的照片，还有几句标语。"书萱："教室的前面和后面都有一个黑板，前面是用来上课的，后面是用来张贴好的作品以及写班级事务的。"

孩子们对未来的小学生活有着许多想法，让我们跟着孩子们的画笔一起欣赏一下他们心中的小学吧！

有大大的操场、高高的楼房

我心目中的小学和城堡一样

小学里会有很多好朋友

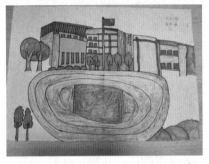

小学里是很干净的,一点垃圾也没有

小学里有钟和大门

我去过小学,它是有走廊的,还有很多
的窗户

参观小学

踏着朝气蓬勃的步伐,带着对小学的美好憧憬,在交警叔叔和教师的保护下,孩子们来到了南丰小学。音乐响起,孩子们顿时安静了下来,看着小学的哥哥姐姐们安静有序地进入操场,可真神气啊!哥哥姐姐向小朋友们展示了排球操,做完操以后哥哥姐姐们还进行了大课间活动,他们分散到操场的各个角落,有的自己玩,有的组团玩,可真有意思!

南丰小学小志愿者——"小楠"姐姐为孩子们讲解。在一来一去的对话中,孩子们途经科学实验室和美术室,不断听见大家发出"哇!哇!"惊叹的

声音,相信孩子们的收获也是非常多的。最后一站,孩子们来到了一年级的
教室,这里有好多课桌和椅子,桌子里面还塞着书包和各种各样的书。

徐徐的微风,悦耳的虫鸣……在这即将毕业的日子里,孩子们怀着对幼
儿园的不舍和对小学的憧憬,缓缓地向人生第一个转折点走去。愿孩子们
的未来精彩纷呈。

出发前的安全提醒与参观要求

步入小学校园

观看小学生大课间活动

观摩小学生排球操

在小楠姐姐的带领下参观班级

在小楠姐姐的带领下参观小学校园

小楠姐姐解说小学生活

体验做一回小学生

参观小学校园"稻香楼"

在小学合影

良好的习惯

著名的教育家叶圣陶认为："教育就是培养习惯。"在逐步了解小学生的生活、学习方式之后，孩子们开始调整自己的状态和习惯，希望能够以好的面貌迎接这段新的旅程。

阅读习惯：创设良好的阅读氛围，选择幼儿喜欢的书籍，合理安排阅读时间，鼓励幼儿自主阅读等方法，能为幼儿今后的学习打下良好的基础。

和爸爸一起看书

和伙伴们一起看书

书写姿势：正确的书写姿势不仅能有助于孩子的视力健康和体格的正常发育，而且有利于孩子集中注意力，对孩子专心学习及思考十分有益。

整理习惯：整理物品是一种技能，同时也是一种习惯。让幼儿学会整理书包，有助于提高幼儿适应小学的能力，为入小学打好基础！

整理小书包（一）

整理小书包（二）

毕业的仪式感

六月一到,幼儿园的毕业典礼就开始进入倒计时。孩子们现在正忙着搜集各种素材,排练各种唱歌、舞蹈、情景剧等节目,只为呈现一场"走心"又难忘的毕业典礼。

有的孩子认为要先布置一个很漂亮的地方,然后穿上好看的衣服,戴上好看的头饰。有的孩子认为要有好听的音乐,然后教师和孩子们一起跳舞。

筛选毕业典礼节目:孩子们想表演什么节目呢? 想和谁一起表演呢? 教师为孩子设计了一个毕业典礼节目征集调查表,让孩子把自己想表演的节目以及和谁一起表演写下来。

毕业典礼节目征集调查表(一)

毕业典礼节目征集调查表(二)

毕业典礼节目征集调查表(三)

最后商定的节目

装饰毕业舞台:有憧憬、有想法,当然也要有行动。孩子和老师们共同策划、精心准备,一场以爱之名的毕业典礼舞台初具雏形! 舞台上的装饰纱布由老师发动家长利用家里的废旧蚊帐剪裁而成,可用来装饰小椅子;毕业典礼的海报和礼物在家长们的支持下,充满了"爱的惊喜";舞台服装由孩子们亲手设计,有独特的意义;舞台彩带、气球、红毯等材料是教师和幼儿一同搜集、摆放的。

在大家的精心准备下,毕业典礼终于有了初步的框架。这不,教师和孩子们都参与到布置中来,想要打造一场属于孩子们自己的毕业典礼。

我们自己手绘服装（一）

介绍、展示我们的服装

我们自己手绘服装（二）

我们自己手绘服装（三）

班级里的气球装饰

教师们能把气球绑得更高

我也做老师的小帮手，打气球

各种形状的装饰气球，装扮着我们的
毕业典礼

我们长大了,能合作搬桌子

用花朵装饰我们的舞台

放上神秘的礼盒,等小朋友们来开启

我们的小椅子也要美美的

化妆:孩子们想把最美、最帅的自己留给毕业典礼这个时刻……

若岚:"妈妈,今天我要画得漂亮一些!"

梦馨:"张老师,我的领子好像不整齐,帮我弄一下吧!"

打上腮红,我就是最靓的崽

画上眼影,闪闪亮亮

小手印是我们成长的见证

毕业的相册是我们
对幼儿园生活的留恋

悄悄话盒子里装满了我们的
小秘密和心里话

毕业签到墙上有我们
自己的自画像

　　毕业典礼开始:这场毕业典礼,孩子还相互准备了一些礼物。"我为你准备的礼物你会喜欢吗?""我想悄悄地和你说:'好朋友请不忘记我,我把我最喜欢的礼物送给你。'""我的心里话你收到了吗?"我们的毕业典礼结束了,这一场郑重的仪式将为孩子们的幼儿园生活画上圆满的句点,并开启他们更加精彩的人生新阶段。

我们要先为自己装扮起来

快来签到吧! 写上名字,画上属于自己的
特殊符号,挂起来表示我到啦

毕业典礼马上开始啦！拿着入场券
找到自己的座位

坐好啦！我们的毕业典礼开始啦

小小主持人多神气啊

你们瞧，我们小小表演者的演出也
很精彩哦

　　毕业班的孩子们也有太多太多的话想对老师说，让我们来听听孩子们的心声。

　　辰恺："毕业了我们可以去小学学习更多的知识，我们会喜欢小学的生活，我们也可以认识更多的朋友。从小班到大班的幼儿园生活，我们都不会忘记的。"

　　悦玟："我舍不得幼儿园、老师和同学。我们在幼儿园学习了很多，谢谢老师，还要谢谢我的好朋友给我带来的快乐。"

　　幼儿园的老师也有很多话和孩子们说。

　　园长妈妈说："三年的时光，你们长大了，幼儿园的角角落落留存着你们最美好的印记。希望你们与书为友，乘风破浪，勇敢前行！"

　　景老师："你们是我第一批带了三年的小朋友。三年来，你们住在我的心里，景老师希望你们以后开心地度过每一天，不一定要在班级数一数二，我只希望你们能每天长高一点点、开心一点点、长胖一点点，没有遗憾地过好每一天！"

园长妈妈寄语

景老师的深情祝福

孩子们紧密相拥

互赠礼物,送出祝福(一)

互赠礼物,送出祝福(二)

互赠礼物,送出祝福(三)

小班参观(一)

小班参观(二)

秀秀毕业照

在美好的幼儿园里,孩子们的脚丫曾经亲吻过每一寸土地,在即将毕业之际,让孩子们最后和幼儿园来张合影,留下珍贵的美好回忆。

我们想到滑梯上拍照

创意毕业照(一)

我想和好朋友一起拍照

创意毕业照(二)

可以在幼儿园的雪松旁拍照

创意毕业照(三)

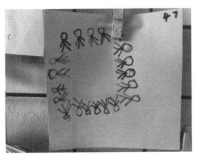
围成一个圆圈拍照

创意毕业照(四)

再见了,我的幼儿园

最难忘的还是校园的那一角,那里有欢声笑语,那里有美好回忆。孩子们拿起自己的彩色画笔,用绘画的形式记录下心中那难忘的校园一角。

选择最难忘的场景写生(一)

选择最难忘的场景写生(二)

选择最喜欢的地方合影留念(一)

选择最喜欢的地方合影留念(二)

感悟与反思

幼儿入学准备不仅要关注知识技能的准备,更要关注学习品质的准备,以及心理适应方面的准备。《指南》提出:5~6岁儿童社会适应的合理期望是"对小学生活有好奇和向往"。为了帮助大班幼儿顺利度过人生的第一个转折期,我们以别样的方式开展了幼小衔接主题系列活动。教师带领幼儿参观小学,让幼儿在活动中近距离地感受、体验小学生的学习生活。

幼儿对小学既满怀期待又紧张不安,他们用自己的方式表达对小学的种种看法和想法,有困惑,有期待,也有向往。他们对小学的认知都源于他们原有的生活经验,他们用自己的语言表达对"毕业"的理解与认识。毕业对于幼儿来说,意味着对幼儿园的不舍和感恩,更意味着对自己即将迎来的人生新阶段的向往。

毕业总要有仪式,毕业典礼意味着一次次热烈的讨论、一份份认真的计划、一点点精心的布置、一次次紧锣密鼓的准备和一段段刻在心里的美好回忆。但我们不一定要暂停课程,专门进行严格的排练,最终以一台毕业节目来呈现毕业仪式。反之,我们可以尝试将毕业仪式渗透进幼儿课程,回归毕业本身的含义——回忆、感谢、祝福、告别……让幼儿度过真正属于自己,也属于教师和家长的毕业季。

栀子花开,又是一年毕业季,三年的幼儿园快乐生活即将画上圆满的句号。在这三年里,有成长,有收获,有欢声笑语。在这即将离别之际,教师用相机留下幼儿们在幼儿园开心、精彩有趣的时刻。教师能感觉到幼儿投入了丰富的情感,不只是快乐,还有离别的酸涩。毕业典礼有前期策划、装饰、商量节目的准备,还有最后互赠礼物环节以兹纪念。相信通过毕业典礼,孩子们对于同伴、幼儿园的情感将会更加深刻,这就是最好的"告别"教育,每一步我们都给予了幼儿真实的体验。

大班的孩子们马上就要毕业了,面对着陪伴了三年的孩子,教师的内心总有太多的不舍。整个毕业季活动中,教师始终能站在孩子的立场,让孩子充分表达,并用各种办法为他们答疑解惑。我们在每一个活动中都能看到孩子的参与、家长的支持,这样的课程,才是幼儿最喜欢的课程。

(此案例由张颖婷老师整理)

第四章

资源、活动与儿童经验

本园地处长江之滨，有着独特的地理环境和自然资源。瓜果、芦苇、竹子、棉花、稻草就是幼儿在学习和生活中的"玩伴"；玩沙、玩水、玩泥是幼儿的天性，且这些资源在本园所处的长江下游地区随处可见，易于反复利用，是幼儿学习和游戏的重要材料。这里也拥有年代悠久的"沙上文化"和"农耕文化"，水车、耕牛、纺车、石磨，做芦花鞋、搓草绳、磨豆浆……这些文化资源都是孩子们的探索宝库。我们把园所周边的自然资源、文化资源、社区资源、人力资源等一切有利于幼儿园课程构建的资源统称为"江沙资源"。自2014年江苏省推进课程游戏化以来，如何利用好幼儿园的周边资源，让它成为幼儿园的课程资源，支持幼儿的活动并转化为幼儿的学习经验，是我们研究与思考的重点问题。

第一节　资源意义与价值

陈鹤琴先生提出"活教育"思想，即"大自然、大社会都是活教材"，倡导充分挖掘自然、社会中的活教材，对其进行有效的选择与利用，构建推动幼儿发展的课程资源。

一、丰富教育资源

环境本身就是自然博物馆。幼儿园周围有着丰富的自然资源和社区资源。《纲要》中指出："幼儿园应与家庭、社区密切合作，综合利用各种教育资源，共同为幼儿的发展创造良好的条件。"学校周边的银行、超市、码头、科文中心、爱心广场、农耕文化园等场所扩展了幼儿生活和学习的空间。本园还有社区里的爱心志愿者、家长志愿者，他们有不同的职业，有的擅长手工制作，有的擅长农田种植，有的擅长棋类教学，有的擅长体育竞技……我们通过问卷调查、实地访谈等方式进行摸底了解，建立了宝贵的人力资源库，极大地丰富了幼儿园的教育资源。

二、创新教育方式

传统的幼儿园教育教学方式主要是教师在室内组织的以图片、录像、课件等为主要手段的教学活动。基于对资源的运用和研究，我们将资源巧妙地融入幼儿的集体活动、户外游戏、专用室活动、种植饲养等各项活动中，满足了幼儿直接感知、亲身体验、实际操作的需求。如大自然中随处可见的树叶，如果我们将其投放在美工区，孩子们会拿它来进行拼贴画、叶脉画、树叶帘等各种美工创意制作；如果我们将其投放在语言区，孩子们会拿它来进行《叶子鸟》《落叶》等散文诗的创作；如果我们将其投放在科学区，孩子们会根据树叶的形状、颜色以及叶脉的不同，来观察、比较：这是什么树的树叶？这种树属于哪个种类？有什么生长规律？这样就大大丰富了教学的内容。活动的组织者也从教师拓展到家长甚至社区人员等不同职业者。教学场地也由班级拓展到园外等多种活动场所，大大提升了幼儿园活动的多样性。

三、提升幼儿能力

充分发挥本地自然资源和社区资源的教育价值，带领幼儿走入大自然，是引导孩子主动学习的重要途径。借助园内外资源让幼儿进行感知、欣赏、操作、探索、表达、创造等活动，能启迪幼儿智慧，促进幼儿多种能力协同发展。同时，丰富的社区资源能拓宽幼儿的视野，专业的人力资源能让幼儿对各领域产生兴趣，满足幼儿学习与发展的需求。幼儿园的课程资源具有不同的教育价值，不同的资源在特定的情境里，能帮助幼儿进行多方面的学习。如幼儿进行穿珠子游戏，获得的是手眼协调能力；幼儿进行七巧板拼图游戏，获得的是形状、大小、颜色之类的概念知识；幼儿进行建构游戏，获得的是垒高、围合、架空、对称等各种建构能力；幼儿用颜料进行涂鸦游戏，掌握的是水与颜料的科学概念，对色彩、图形创作的审美能力等。因此，我们应给幼儿创造良好的学习情境，给幼儿提供充足的资源、充分的时间，帮助幼儿进行探究、发现、想象、创造等多种学习活动。

四、促进教师专业成长

巧妙地挖掘和利用课程资源，能创新教学手段，提升教学质量。最重要的是帮助教师正确地认识资源的作用和价值，让教师学会开发、选择和利用生活中一切可利用的教育资源，提升教师运用资源的能力和课程开发与设计的能力。同时，在活动中，教师能更好地对幼儿进行观察、记录、指导、评价，更好地认识儿童、理解儿童，进而树立科学的儿童观、课程观、教育观。

第二节　建立课程资源库

　　幼儿是在行动中学习的,幼儿与周围环境尤其是材料的相互作用,是幼儿获得经验的重要途径。因此,无论是集体教学、游戏活动还是生活活动,都需要课程资源做保障。

一、成立调查小组,挖掘资源

　　课程资源是幼儿园课程园本化的重要支撑。南丰镇有着丰富而多元的自然资源和人文资源。我们成立课程资源调查小组,通过多次研讨,对资源进行分析、筛选、归类,最终将园内外的资源分为自然资源、社区资源、人力资源三大类。我们充分挖掘、选择这些资源中的教育因子,充实园本课程内容,让各班开展班本课程研究,拓宽幼儿视野,发展幼儿社会实践能力,真正让资源为课程服务。

二、全员参与,搜集自然资源

　　我们通过教师、家长、幼儿、社区人员搜集周边的自然材料,包括:各类植物,如树、叶、花、草、蔬菜、瓜果等;各类动物,如鸡、鸭、鱼、乌龟、兔子等;以及生活中的各种废旧材料,如废布、废纸、瓶子、罐子等。我们建立幼儿园资源库、年级组资源库、班级资源库、家庭资源库等四级资源库,分类摆放,方便取用。

三、科学分类,整理社区资源

　　我们通过走访调查,对校园周边的社区资源进行了筛选,对学校、邮局、银行、超市、医院、科文中心等社区资源进行科学的分类,如交通、水利、邮电类社区资源,科技、教育类社区资源,农业、工业、建筑业类社区资源,商贸、服务业类社区资源,文化、卫生、体育类社区资源,政法、军事类社区资源。我们还对每一种资源的功能与价值、可生成的活动、与幼儿园的距离进行了详细分析,并建立资源卡。我们整理好资源材料后,再由幼儿园环境组将其绘制成幼儿园资源地图,让大家一目了然。

资源分析列举

文化、卫生、体育类社区资源分析

序号	资源名称	功能与价值	生成活动	距离
1	科文中心	培训:在舞蹈、健身、电子琴等各方面对南丰镇的老老少少进行培训。 娱乐:面向南丰镇公开每一个功能室,让每个人都能享受到里面的所有设施。 阅读:丰富南丰人民的知识见闻。 欣赏:所设舞台可供南丰人民观赏节目	参观活动。 利用各功能室安排一些课程,例如舞蹈房、琴房等。 利用舞台为幼儿创设一些重大活动,如"毕业典礼"	50米
2	广播站	娱乐:南丰人民的数字电视缴费处,让南丰人民都有清晰流畅的电视看	参观活动。 体验活动:了解广播站职员的一日工作流程,体验广播站各职员的一些简单的工作。 了解广播站的职能、服务情况。 开设南丰幼儿园小小广播站	50米
3	南丰文化广场	欣赏:广场中有美丽的花朵、大树、池塘等,供南丰人民欣赏。 娱乐:有两个大的广场,人们可以在那里跳舞,除了广场还有篮球场及一些休闲设施供大家使用。 休息:有许多公园长椅、草坪等,可供人们休息野餐	开展适合幼儿年龄段的各种主题活动,例如"春天来啦"、春游等。 体验活动:可以在休闲广场的广场、设施、草地上面开设户外体验活动,给幼儿带来不同的感受	50米
4	南丰医院社区卫生服务站	治疗:为南丰人民提供一些简单的医疗服务(医生、药品、医疗器械)。 体检:为南丰人民提供基础的体检。 研究:对各种较难处理的病症进行科学研究。 中医馆:了解中国的中医医疗技术,提供中医理疗	参观活动。 开展各种主题活动。 集体活动:了解医院的各个科室、"打针我不怕"等。 体验活动:体验做医生或病人。 医院的角色游戏活动	2.1千米

南丰幼儿园动物课程资源卡

名称	门类	动物图片
蚯蚓	环节动物门	

相关知识		

蚯蚓俗称地龙,又名曲蟮,是营腐生生活动物,生活在潮湿的环境中,以腐败的有机物为食,生活环境中充满了大量的微生物,但蚯蚓却极少得病,这与蚯蚓体内独特的抗菌素免疫系统有关。

蚯蚓能够对许多决定土壤肥力的过程产生重要影响,被称为"生态系统工程师"。它通过取食、消化、排泄和掘穴等活动在其体内外形成众多的反应圈,从而对生态系统的生物、化学和物理过程产生影响。蚯蚓既是消费者、分解者,又是调节者,它在生态系统中的功能具体表现在:

①对土壤中有机质分解和养分循环等关键过程的影响。

②对土壤理化性质的影响。

③与植物、微生物及其他动物的相互作用。

蚯蚓活动受种群大小、植被、母岩、气候、时间尺度以及土地利用历史综合控制

生成活动		

1.语言:绘本故事《蚯蚓的日记》。

2.科学:观察、饲养蚯蚓。

3.美工:投放制作蚯蚓玩具的材料,如可折叠收缩的吸管等。

4.表演:"蚯蚓的一天"。

5.科学:"蚯蚓的秘密"

南丰幼儿园植物课程资源卡

名称	种类	植物照片
合欢花	豆科植物	

相关知识
合欢,属豆科合欢属的落叶乔木,喜温暖湿润和阳光充足的环境,花季为4～5月,气微香,味淡。分布地为中国东北至华南及西南部各省市,一般生长在山坡上。非洲、中亚至东亚也均有分布,北美亦有栽培。 　　合欢花花丝为粉红色,荚果扁平,是城市行道树、观赏树。心材黄灰褐色,边材黄白色,耐久,多用于制家具;嫩叶可食,老叶可以洗衣服;树皮供药用,有驱虫之效。它还有宁神作用,主要用于治疗郁结胸闷、失眠健忘、滋阴补阳、眼疾、神经衰弱等

生成活动
春天:写生,插花,创意贴画,花朵拓印,制作花朵头饰、花朵标本、花书签、香袋等。 夏天:树叶印画、粘贴画、树叶数数、拼图、花瓣染色、树叶修剪等。 秋天:树叶贴画、创意剪贴、拓印、制作树叶书签等。 冬天:写生、树枝装饰、树枝拓印等

4.调查摸底,汇聚人力资源

我们通过发放调查问卷,对教职工、家长、社区有特长的人员进行摸底,建立人力资源库,如擅长手工制作的家长们组成巧手制作志愿团,擅长体育运动的爸爸们组成阳光体育志愿团,擅长传统工艺的家长们组成传统工艺志愿团。我们邀请有种植经验的爷爷奶奶来园组成种植园地志愿团,还邀请故事妈妈志愿团每周给孩子们讲故事。当幼儿园开展各类课程时,家长们都可以参与到孩子的活动中,贡献自己的力量。

5.绘制资源地图,建立资源库

在项目推进的过程中,本园充分调查幼儿园周围的课程资源,建立南丰幼儿园园外资源地图,并系统地整理了幼儿园周围资源的种类和功能,形成一个包括自然资源、社区资源、人力资源等在内的丰富的资源体系。

南丰幼儿园园外资源图

第三节 资源的规划管理

课程资源是使幼儿园课程得以实现、影响幼儿学习与发展的各种因素的总和。而资源库里的这些资源还是属于静态资源，不能真正意义上成为孩子的课程资源。因此需要对资源进行挖掘、规划和管理，让它真正成为幼儿的课程资源。

一、资源的挖掘

为了实现资源与课程的有效对接，我们对每项资源都进行了分析，从该资源可利用的教育功能与价值、可开展的活动内容或形式、幼儿可能获得的经验、适宜年龄段等方面对其进行全面挖掘，为课程提供服务。

我们以"天天鲜"蔬果基地为例：

"天天鲜"蔬菜基地资源分析表

资源名称	可利用的教育功能与价值	可开展的活动内容与形式	幼儿可能获得的经验	适宜年龄段
"天天鲜"蔬果基地	1.有种植粮食、蔬菜、水果与鲜花的农田和大棚基地。 2.有专业的种植、实验、监测技术人员。 3.有一体化的打包、运输配送中心。 4.有供社会群体采摘、种植的"开心农田"。 5.有"天天鲜"生鲜超市	参观活动: 参观农作物大棚基地、"天天鲜"配送中心。 体验活动: 1.亲子采摘活动;亲子蔬果种植活动。 2.幼儿写生、摄影活动。 其他活动: 1.邀请"天天鲜"专业种植技术人员来园指导幼儿开展种植活动。 2.开展"天天鲜"超市、配送中心等游戏活动	1.认识各种蔬果的颜色、形状、名称,了解蔬菜种类、营养等相关知识。 2.了解蔬果的生长过程,产生探究兴趣。 3.体验种植过程。 4.了解蔬果的配送过程。 5.提升幼儿游戏水平	小班、中班、大班都可以结合幼儿年龄特点有针对性地开展活动

二、资源的规划

在一个主题的实施过程中,我们为了保证主题活动丰富有效地开展,需要对资源进行合理规划,通过多样化的活动让这些资源转化为幼儿活动经验,服务于课程开展。这样可以避免资源贫乏和单一的现象,也可以避免有资源而不加利用的现象。

我们以大班"丰收的季节"主题为例:

"丰收的季节"主题资源规划表

主题名称		丰收的季节
资源规划	自然资源	1.搜集各种落叶、水果、豆子,开展"落叶""一片美丽的红枫""豆宝宝排队""种子食品品尝会"等集体活动。 2.搜集树枝、树叶、石头、泥土、沙子、雨水、水果等自然资源,丰富幼儿游戏材料、班级自然角和种植园地
	社区资源	1.参观幼儿园旁边的粮食基地,了解农作物成长、收获的过程。 2.邀请社区月饼店的老板为幼儿讲述月饼的来历并共同制作月饼
	家长资源	1.家长带幼儿到郊外游玩,让幼儿在大自然中欣赏秋天的景色。 2.开展"故事妈妈"活动,讲述和秋天有关的故事,阅读和秋天有关的绘本。 3.亲子手工,家长和幼儿共同搜集各种树叶,并用树叶制作拼贴画。 4.在中秋节,邀请家长来园开展亲子活动,和幼儿一起尝试自己动手和面、包馅做月饼
	文化资源	游玩4A级景区江南农耕文化园,感受中秋民俗节日活动

三、资源的管理

在一个主题活动结束以后，大家总结反思：在本主题里运用了哪些资源，有什么意义与价值，给孩子的学习与发展提供了哪些方面的支持，还有哪些资源的利用上需要完善，为下一轮主题的开展提供哪些借鉴，课程资源还有哪些拓展空间。这样的反思与管理可以帮助教师思考如何有效利用资源开展课程活动，发挥资源在课程中的最大价值，为下一轮主题的开展提供参考与借鉴。

第四节　资源向经验转化

本园深入研究每一种资源的挖掘、搜集、利用和储存，研究每一种资源的功能，研究不同资源之间的协同和配合，将其与儿童经验之间建立有效链接，最大限度地发挥资源的教育价值。我们巧妙利用幼儿园空间大的优势，在各班为幼儿提供适合开展区域学习的场所，并开展相应的课程活动，满足孩子个性化学习的需要。我们还将根据幼儿的兴趣和需要，从幼儿的年龄特点出发，将基本资源和辅助资源有机结合，确保活动资源的可选择性、可获得性、适宜性和挑战性，真正满足幼儿活动的需要，引导幼儿可持续学习，使资源在活动的过程中真正转化为幼儿的经验。

一、利用课程资源开展节日活动

在开展节日活动的时候，我们注重从幼儿的情感和认知经验出发，在他们能接触到的生活日常中，寻找与乡土资源有关的节日主题，充分利用乡土资源，创设节日环境，开展家园互动的游戏化节日活动，促进幼儿亲社会行为的发展。

在"丰雅"阅读节期间，我们邀请"故事爸爸""故事妈妈"来园为孩子们讲述绘本故事，邀请民间艺人为孩子们进行皮影戏、手偶戏表演，演绎《大闹天宫》《哪吒闹海》等经典故事；闭幕式上，孩子们与手工制作能力很强的家长、社区人员制作道具，表演童话剧，从而发展幼儿的理解和表达能力。在"丰乐"体育节期间，教师、孩子和家长们大显身手，一起设计游戏项目，利用大自然中的天然材料、生活中的废旧材料等，自制游戏器具，创设游戏场景；活动当天，孩子和家长们一同游戏，磨炼顽强的意志，增进亲子间的感情。

在"丰韵"艺术节期间,孩子们和教师一起讨论活动方案,制定活动流程,制作节目单,在教师、幼儿、家长、社区人员共同的演绎下,感受多元的家乡文化。"丰华"科技节是激发孩子们的探究兴趣,让孩子们体验探究过程、发展探究能力最好的时机,孩子、家长充分利用乡土资源,通过操作、实验、测量、剪贴等方式进行创意制作。孩子们不断地发现问题、分析问题、解决问题,培养终身受益的学习能力。

[案例一] "丰雅"阅读节活动

"为爱远行"——我为阅读代言活动方案

人间四月天暖,风吹树摇花开,书香弥漫渲染,为爱阅读代言。为进一步营造良好的阅读氛围,让书籍走进大家的心灵,南丰幼儿园开展"为爱远行"——我为阅读代言活动,呼吁亲子阅读。

活动时间

2019 年 4 月 20 日(周六),上午 9:30—10:30,提前 10 分钟签到

活动地点

江南农耕文化园(妙丰公路旁永联小镇对面)

活动形式

亲子活动

活动内容

(1)亲子游戏(徒步行+互动游戏);

(2)教师和孩子共读绘本;

(3)亲子共读绘本(可以和朋友交换绘本阅读);

(4)为爱远行集体合影,颁发"为爱远行"——我为阅读代言活动证书。

报名方式

利用麦客技术自主报名

活动名额

30 组家庭

活动安排

项目	具体工作落实	人员安排	备注
策划	主要负责活动项目的策划和安排	沈丽华、翟海燕、季佳雪	
活动前期保障	1.定制阅读节的旗帜一面。 2.定制南丰幼儿园园旗,人手一面。 3.微信宣传。 4.制作阅读代言活动的自主报名入口。 5.奖状打印	季佳雪	
	负责报名人员电话再确认	尹小花	
	负责横幅、旗帜、志愿者衣服的发放和回收	孙璐璐	
	负责拍摄、拉杆音响	陈杰、陈玉萍	
活动当天安排	负责活动当天的签到	尹小花	
	负责活动当天流程的主持	季佳雪	
	游戏互动:分三组进行。 1.吹泡泡。 2.抱抱乐。 3.阅读时光(准备好绘本读物)	张颖婷、尹小花、孙璐璐	

报名温馨提示

(1)幼儿每人带一本绘本。

(2)本活动为南丰幼儿园组织的活动,仅限南丰幼儿园在园幼儿参加。

(3)请家长仔细检查宝宝姓名、手机号码是否填写正确,以方便我们进行联系。

(4)家长自行解决活动过程中的交通问题。

(5)如果家长在报名后遇突发事件不能参与本次活动,请提前与班主任联系。

(6)家长和孩子自愿参与本活动,并确认知悉此项活动的要求,家长必须在整个活动过程中看护好幼儿。

活动实录

为进一步营造良好的阅读氛围,让书籍走进大家的心灵,南丰幼儿园的孩子、家长、教师们携手,共同开展了"为爱远行"——我为阅读代言活动。通过自主报名,4月20日上午,30组家庭来到苏州江南农耕文化园进行阅读宣传活动。

（资源利用：南丰幼儿园周边有着丰富的社区资源，农耕文化园是集休闲、娱乐、教育为一体的文化园。我们把活动场地选在农耕文化园，正是希望利用这样优质的社区资源，让孩子开阔眼界，体现幼儿园和社区资源联动的教育价值。）

▶ **准备中——激动又兴奋**

带着些许新奇，带着些许激动，爸爸妈妈和孩子们陆陆续续来到农耕文化园正大门。南丰幼儿园"小脚丫"志愿者服务队的教师们早早在门口等着大家，为孩子们送上一面面小旗，并详细讲解活动的流程。大家整装待发！

尹小花老师负责签到。

孙璐璐老师给签好到的家庭发一面园旗。

季佳雪老师主持活动："各位家长，非常感谢大家的到来！今天我们在农耕文化园举办这场'为爱远行'——我为阅读代言活动，目的之一是想通过本次活动提高大家的亲子阅读意识，向广大市民朋友宣传亲子阅读；其二是想通过这次活动增进您和孩子的亲子之情，亲子一同度过一段愉快而有意义的时光。接下来请家长朋友们和您的孩子手拉手，跟随着我们的阅读代言旗，一起徒步行走。"

参加活动的家庭签到

孙璐璐老师给每个家庭发园旗

（资源利用："小脚丫"志愿者服务队是南丰幼儿园的专属志愿服务队，队里专业从事幼儿教育的教师们支撑着整个活动的组织与实施。活动的策划、落实体现了他们优质的服务。）

▶ **徒步中——热情又大方**

举起阅读代言旗，挥起小旗，出发！浩浩荡荡排成一条长龙，孩子们在农耕文化园里行走，向游客们宣传阅读。让阅读成为孩子一生的习惯，让好书成为孩子一生的伙伴！

教师举着阅读节旗帜带大家徒步行走　　　　家长和孩子手牵手徒步行走

（资源利用：家长和孩子是活动的参与者，也是此次活动的宣传者，通过行走的方式宣传阅读，不仅仅影响着参与活动的家庭，也影响着在农耕文化园的游客。）

▶ **游戏中——温馨又快乐**

为了让大家熟悉起来，教师们组织了团体互动游戏，嬉笑声、欢快声在绿茵草地上不绝于耳。

选好地方，挂好横幅。

季佳雪："我们来自不同的家庭，让我们一起来一个破冰行动吧。分三组，每组 10 个家庭，由张颖婷、尹小花、孙璐璐老师带队介绍一下自己，玩一玩好玩的亲子游戏吧！"

（1）围成圆圈相互介绍。

（2）做吹泡泡的游戏进行情感互动。

（3）做抱抱乐游戏，感受团队协作的巨大力量。

一起玩吹泡泡游戏　　　　　　三组家庭玩抱抱乐游戏

带队教师们为大家带来了有趣、好玩的绘本。在互动中，孩子们认真倾听，走进绘本中的童趣世界。

孩子们围成圆坐在草地上，听张颖婷、尹小花、孙璐璐三位老师讲故事。讲完故事后，三位老师向各位家长强调了亲子绘本阅读的重要性。

爸爸妈妈也为孩子们精心准备了绘本，有的孩子依偎在父母怀里，有的孩子靠坐在父母边上。在舒爽的风中，家长与孩子们进行亲子阅读，享受亲子阅读的亲昵时光。

张颖婷老师讲绘本故事　　　　　　孙璐璐老师讲绘本故事

两组家庭共读绘本　　　　　　爸爸为两位孩子讲绘本

（资源利用：儿童具有亲自然性，在绿色的大草坪上活动，总能给人放松的感觉。我们选择来到户外草地，让孩子、家长感受到，阅读不是枯燥的，在自然的怀抱中读书是一种享受。）

▶ **颁奖中——幸福又甜蜜**

"我们都是阅读小明星，我们喜欢阅读！"南丰幼儿园的孩子们用嘹亮的口号向周围的游客宣传阅读，希望大家爱上阅读。

季佳雪："今天在春风中、在阳光里，我们感受到了亲子时光的欢乐，体验到了亲子阅读的愉悦。幼儿期是语言发展的关键时期，希望我们的家长以后多留一点时间陪伴孩子阅读。让我们呼吁周围的人们，爱上阅读。让我们喊出口号："为爱远行，我为阅读代言！""

一起在草地上喊口号："为爱远行，我为阅读代言！"

园长沈丽华和副园长翟海燕还为参加此次阅读代言活动的孩子们颁发了阅读明星证书。无限的自豪洋溢在孩子们的笑脸上！

园长沈丽华颁发阅读明星证书　　　　　副园长翟海燕颁发阅读明星证书

（资源利用：我们邀请了园长、副园长给孩子们颁奖，因此在家长看来，阅读这件事情，是学校自上而下支持的。人力资源让活动具有更深远的影响力。）

（此案例由季佳雪老师提供）

除了阅读节，幼儿园里还有很多节日活动，如清明节、端午节、中秋节、国庆节、重阳节、建军节等，教师都会充分利用自然资源、社区资源和人力资源，开展走访、慰问、调查、实践等活动，幼儿在与课程资源的互动中，了解中国传统的节日习俗和文化，培养热爱家乡、热爱生活的情感。

二、利用课程资源开展班本活动

我们拓展整合各类资源，让幼儿在与资源的互动中学习，使主题活动更丰富、更生动、更有趣。如举办秋天主题中的美术活动"秋色"时，我们带幼儿到户外开展集体教学。在大班社会活动"我是草原小主人"中，老师穿上蒙古族服装走进课堂。在大带小活动"我爱我的幼儿园"中，刚入园的小班小朋友在大班哥哥姐姐的带领下参观校园。幼儿也在活动中开阔眼界，获得新经验、新成长。孩子是天生的探索家，各班教师根据孩子的探究兴趣，围绕竹子、棉花、沙子、小石头等开展了多样的班本项目主题探究活动。比如，我们教师就利用幼儿园里的一棵死树开展过一次"一棵老树"班本项目探究活动。

—[案例二] 资源与班本课程

课程故事：一棵"老树"

缘起

曰春夏，曰秋冬，美丽的南丰幼儿园一年四季都有着丰富的园内自然资源。一草一树一花,一沙一石一水,都是孩子们的课程"百宝箱"。而儿童也有着与生俱来的好奇心和探究欲望。在这里,教师们追随孩子的脚步和他们一起感受风的舒爽、草的绿意、花的美艳、树的生机。就这样,一颗"老树"引发了一场探究的风波……

南丰幼儿园课程"百宝箱"

记录、分享两种树的不同之处

孩子的观察、发现　　用各种方式表现两种树的不同之处　　讨论我们用什么测量

死树和活树有什么不一样?　　寻找不同的测量工具

与"树爷爷"对话

这棵树有多高、多粗?　　分组测量高度和树围

收集、记录问题　　**请谁来帮忙?**　　自己的测量经验和测量结果

一颗老树

投票,专业人士解答　　**这棵树怎么了?**　　为什么有的树树叶掉了却没有死?

死了? 病了? 老了?　　树死了会被砍掉吗?　　为什么会有树洞?

活动脉络图

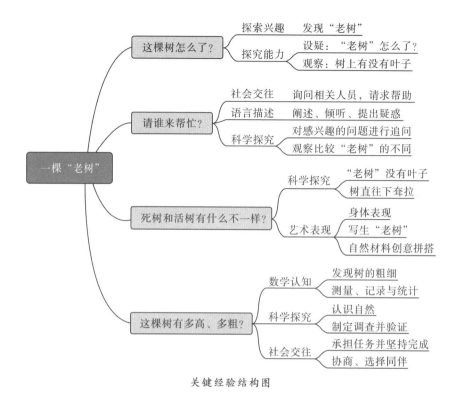

关键经验结构图

2018 年 6 月 3 日中午——这棵树怎么了?

一场关于死了、老了、病了的讨论

在我们的后院,有两个小土坡。孩子们喜欢在土坡上扎营打野战,喜欢在树林里玩战地医院游戏。一天,南南的一声呼喊,打破了原来热闹的游戏氛围。

"一棵老树,看这里有一棵老树。"周围的几个孩子被南南的呼喊声吸引了过去。

小怡不屑地说:"死了,这棵树死了!"

南南:"你看它的树皮,跟我奶奶的皮肤一样,老了,刚才还扎到我手了!"围观的孩子多起来了,有的去抱一抱大树,有的抬头往树上看,有的用手摸树皮。

韬韬:"一片叶子也没有,是死了。"

沁沁:"看,有很多洞,肯定是啄木鸟留下来的,这棵树应该是病了吧。"

小怡坚持说:"肯定死了,你看树枝全焦了。"

当然其他围观的孩子也有自己的理解与发现。

依依说:"树干上有黏黏的东西,把我的手都粘住了,不知道那是什么。"

卓卓说:"我在旁边那棵有叶子的树上发现了虫卵。"

妙妙说:"是虫子害得它没有树叶的吗?"

卓卓说:"我去看一下。"

小雨说:"树上白色的颜料是干什么用的? 为什么后院每棵树上都有?"

洛洛说:"树上那个黑黑的是什么东西? 会是鸟窝吗?"

孩子们在树下观察

孩子们发现一棵特别的树

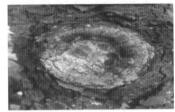

孩子们发现有个黏黏的洞

投票分享理由

回到教室,很多孩子依然坚持自己对"树"的观点。教师建议他们在便笺纸上把支持自己观点的理由画下来,并进行投票,结果发现,有 17 个人认为树死了,有 15 个人认为树生病了,有 9 个人认为树老了。

树死了:

(1)树叶和果子都掉下来了。

(2)树枝是往下的。

(3)树干被虫蛀掉了。

(4)树在小的时候被别人扯树枝,扯坏了。

树生病了:

(1)它感冒了,打喷嚏打掉了身上的叶子。

(2)树皮太干了,都翘起来了。

(3)没有叶子很难受。

(4)它的树干上有洞。

树老了:

(1)在树干上摸到了年轮,有很多的圈圈。

(2)树干上的黏液让它变老。

(3)它比旁边的两棵树老。

对名字的想法进行投票

投票结果产生啦

幼儿的经验与学习

幼儿园丰富的资源,给幼儿带来很好的探究、学习、体验的机会,儿童在与自然的直接接触中、亲身观察中获取经验和知识。有的孩子看到"老树"一片叶子也没有,觉得它老了,因为树皮和奶奶的皮肤一样,摸起来很粗糙、不光滑;有的孩子看到干枯的树枝,说这是"焦了",认为"老树"是死了;有的孩子看到很多洞洞,认为这是啄木鸟留下的,他们依据生活经验,觉得树应该是病了。孩子间的争论引发了他们进一步探究的欲望:这棵树到底怎么了?孩子通过观察、比较、交流、记录等方式对这棵"老树"进行研究,在投票的过程中,孩子们各抒己见,尝试着用自己的理由去说服对方。在这个过程中,幼儿不断猜测"老树"死去、生病、老了的原因,对大树又有了进一步的认识。

教师的思考与支持

轻松自主的户外游戏给了孩子们更多接触大自然的机会。从孩子们的惊讶到争论,教师看到了孩子们对这棵树浓郁的兴趣。孩子们的关注点从战地医院转移到"老树",教师允许孩子的"游戏转角"行为,并给孩子足够的探究时间、争论空间,让每个孩子表达自己的观点,分享自己的发现。《指南》指出,大班幼儿能察觉到动植物的外形特征、习性与生存环境的适应关系。教师在倾听了孩子们的对话以后,提取了很多有价值的教育信息,这些信息都是可以被用来支持孩子们进一步深度学习的,而教师要做的就是为他们提供支持。

2018 年 6 月 4 日下午——请谁来帮忙?

搜集记录问题

"'老树'到底怎么了?我们怎样才能正确地知道这棵树怎么了?"教

师说。

欣然说:"可以问问幼儿园里了解树的老师。"

涵涵说:"可以问问爸爸妈妈。"

小爽说:"我可以回家自己在网上找资料。"

教师说:"你们说的都是好方法,那我们分个组吧!想问老师的、问爸爸妈妈的、自己找资料的,请分组行动。但是,我们首先得想想我们要了解哪些问题。"

西西说:"为什么它的树枝都是耷拉的?是不是它没有力气,需要人给它施肥?"

夏夏说:"我要问是不是这个地方不太好,因为旁边两棵树下面也开始枯萎了。"

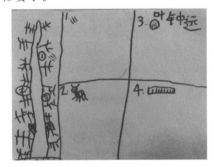

孩子们的疑惑(一)

①树为什么没有叶子?

②它是被小蚂蚁欺负了吗?

③树上为什么有洞?

④树有多高?

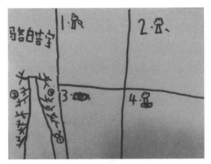

孩子们的疑惑(二)

①为什么没有叶子?

②是因为它的养分都被旁边的小草吸收了吗?

③它的年龄多大了?

④泥土里的树根是什么样子的?

听了孩子们稀奇古怪却又有点道理的想法,我建议他们把自己的想法记录下来,到时候就不会忘记了。另外,孩子们还能围绕问题做一次有趣的记者访谈活动。

询问门卫叔叔

询问钱老师

孩子们一一询问，可是谁也说不清。最后钱老师给孩子们推荐了一个人，就是常卖绿植给幼儿园经的孙师傅。可是孙师傅比较忙，过了好几天孩子们才把他等来。孩子们亲切地叫他"树爷爷"，迫不及待地把自己憋了几天的问题拿来问树爷爷。当然教师和孩子们也是提前做过准备的，教师让孩子们把自己的问题都一一记录在自己小本子上以免遗漏。

与树爷爷对话

小南："树爷爷，这棵树到底怎么了？"

树爷爷："它已经死了。"

小南："它为什么会死？是有小虫咬它吗？"

树爷爷："小虫不会让它死的，这是一棵松树——雪松，它是常青树，一年四季都长着绿色的叶子。这棵雪松会死，应该是因为当年移栽的时候没有处理好。第一，雪松喜干旱，但这个位置地势比较低，水经常积在这里，对雪松的成长不利，它的根长时间泡在水里就会烂掉。第二，树从泥土里吸取养分和水分，叶子多了树就会来不及喝水，而这棵树当初移栽的时候叶子没有被修剪掉一部分，它的叶子和树枝喝不到足够的水。第三，你看它的树皮剥不下来，说明它已经死了，活的树的树皮很容易就能剥下来。"

孩子们询问树爷爷

树爷爷与孩子们讨论

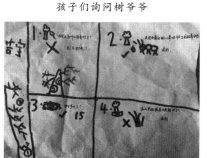

孩子们的采访验证记录（一）

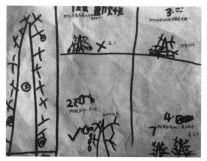

孩子们的采访验证记录（二）

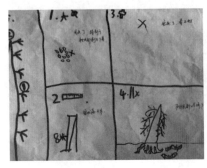 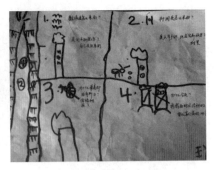

孩子们的采访验证记录（三）　　孩子们的采访验证记录（四）

洛洛："它的身上为什么会有黏液？"

树爷爷："如果有人伤害了它，它自己就会分泌黏液，就像我们的手破了会流血一样，这个黏液叫松汁，是易燃物，点了火就会着。"

陶陶："它身上的洞呢？"

树爷爷："洞是因为一种叫天牛的昆虫，它喜欢把卵，也就是自己的宝宝产在树里，树洞就是这么来的。"

小于："那这棵雪松多大了？一定要把它砍掉才能知道它的年龄吗？"

树爷爷："也不是，你们从树底下往上看，发现树枝是一段一段的了吗？一段就是一岁，你们也可以一起来数一数，那像这棵树，应该差不多 15 岁了。"

小于："原来是这样啊！"

幼儿的经验与学习

好的课程一定是基于幼儿的原有经验引发新经验的过程。孩子们经历了"梳理原有经验—列出问题—现场咨询—获得答案"的学习路程。幼儿在猜测和记录的过程中，首先应该理清自己的思路，知道自己要问什么。他们对自己的问题进行了简单的记录，《指南》也提出大班幼儿要掌握前书写的技能。通过与树爷爷的直接对话，孩子们得到许多新的经验。这是基于孩子的原有经验，通过问题记录与整理、咨询，获得新经验的过程。

教师的思考与支持

好的课程离不开教师的专业支持，孩子们想知道这棵树到底是怎么了，于是教师和孩子们一起商量对策、寻找答案，并一起请来"树爷爷"。身边的资源只有与幼儿的生活和经验、与教育者的教育意图建立起紧密联系时，才能真正成为资源。在资源的利用上，教师需要做适当的准备，比如电话邀约"树爷爷"，事先和孩子们准备好很多问题。"树爷爷"的解答，解决了困扰孩子们多日的疑惑，而教师作为支持者的角色定位也更加明显。

2018 年 6 月 17 日下午——死树和活树有什么不一样？

再次看望"死树"

教师再一次带着孩子们来到大树下,有目的地引导幼儿观察。

教师:"那死的雪松和活的雪松又有什么不一样呢? 我们找找不一样的地方。"

浩然说:"老师你看,活雪松树皮是一块块的,死雪松树皮看上去乱七八糟的。"

菲菲说:"老师,原来活雪松的叶子上还有一个个小小的果实哎。"

欣欣说:"老师,死雪松上根本没有黏液,只有活雪松上有。"

"老树"的姿态已经刻在心中,于是孩子们在后院各个角度观察"老树"。

小静:"它的树枝都耷拉着的,看我,是这样的!"

小义:"树枝上很多的果。"

小西:"它的树枝越往上越细哎!"

轩轩:"远看小小的糊的一团黑!"

幼儿的对比记录(一)

①死雪松高,活雪松矮;

②死雪松没有黏液,活雪松有黏液;

③死雪松没有结果子,活雪松结小果子。

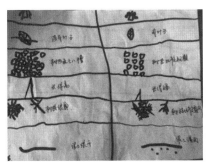

幼儿的对比记录(二)

①死雪松泥土很湿,活雪松泥土很干;

②死雪松长得矮,活雪松长得高;

③死雪松树枝很密,活雪松树枝很整齐;

④死雪松树皮乱七八糟,活雪松树皮规整。

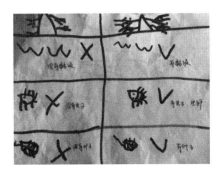

幼儿的对比记录(三)

①死雪松没有叶子,活雪松有叶子;

②死雪松没有虫子,活雪松有虫子;

③死雪松没有黏液,活雪松有黏液。

用各种方式展现两种树的不同之处

教师支持孩子用画画、身体动作、表情等多种方式来展现两种树的不同之处。

用材料摆一摆（一）

用材料摆一摆（二）

用动作演一演（一）

用动作演一演（二）

幼儿的经验与学习

在美丽的大自然中，幼儿自由地奔跑和探索，他们总能发现很多有意思的东西。每一次的观察都将成为他们的经验，每一次的观察也都和以前的有所区别。他们一次次地观察，一次次地发现不同，每一次都获得了成功感。孩子们喜欢用多种艺术手段来展现自己的发现，有的用画画，有的用身体动作，有的用表情，展现两种雪松的不同之处，将活雪松与死雪松进行细致、深入的对比。

教师的思考与支持

《指南》艺术领域目标指出："大班幼儿在艺术欣赏时常常用表情、动作、语言等方式表达自己的理解。"在教师的支持和鼓励下,孩子用多种艺术手段来呈现、记录自己的发现。直接感知、实际操作、亲身体验是幼儿学习的最基本、最有效的方式。再次观察和了解雪松后,孩子们提出:"这棵雪松究竟有多高呢?"这又是一条可以鼓励孩子去解决问题的路径。

2018 年 6 月 17 日下午——这棵树有多高、多粗?

我们用什么来测量

讨论:树到底有多高? 其实一开始孩子们对高度的理解是不一样的,教师用一张图帮助孩子们理解高度的概念。

教师:"这棵树到底有多高呢?"

子涵:"我觉得应该和房子一样高吧。"

芸熙:"超过房子。"

静宇:"超过房子的一半。"

浩宇:"这棵树超过房子,都到云的里面了。"

教师与孩子们继续讨论:"我们用什么办法能知道树有多高呢?"

小宇:"可以用尺子测量。"

小韩:"我们可以用纸盒一个叠一个(来测量)。"

洛洛:"那还可以用绳子,绑在树上。"

沈涵:"我们可以用梯子。"

教师:"你觉得应该从哪里测?"

芸熙:"从最矮的树上测。"

蔺涛:"从树顶往下测到地下,把卷尺挂在树上,往下拉。"

教师:"(把卷尺)挂在树上往下拉,你觉得挂在哪里比较合适呢?"

蔺涛:"挂在最矮的树上。"

小宇:"我觉得用叠罗汉的方法,用我们的身体测量,这样就可以知道这棵树是几个小朋友的高度。"

小韩:"是啊,用身体的话还能用脚和手,还可以拥抱这棵树。"

小远:"但是我觉得用身体叠罗汉不太好,我们怎么叠呢?"

小宇:"也对,这样很危险。那我们能不能用别的东西叠罗汉呢?"

小韩:"可以啊,我们可以用纸盒。"

洛洛:"那还可以用绳子,把它缠起来,就知道了。"

幼儿想了很多方法。我们把孩子的方法一一记录下来,把讨论结果分为七组:身体组、纸盒组、瓶子组、纸杯组、薯片罐组、毛线组、积木组。

"老树"的全景照

用图示的方法,理解高度
的概念

接下来就是搜集各种不同的测量工具。

第二天早上,孩子们带来了各种测量工具(如下图所示)。

金字塔积木

塑料瓶子

尺子

绳子

纸杯

薯片桶

清水积木　　　　　　　　　　　纸盒

分组测量

第二天上午,孩子们自发地分成两组,一组测量树的高度,一组测量树的粗细。孩子们一一实践自己的测量方法。

1.测高度

身体组的幼儿在测量时运用手打开的最大限度和鞋的长度进行测量。纸盒组的幼儿则从下往上堆叠纸盒,但是在测量过程中,纸盒一直会倒下来。浩然说:"不对,这个地不平,所以纸盒一直要倒,大家帮忙扶一下。"在纸盒组十一个小朋友的共同努力下,最后的测量结果是到树枝下有21个纸盒的高度。

孩子们发现纸盒和卷尺不能到达树的顶端,所以无法正确测量树的高度。于是,他们积极开动脑筋,思考问题:什么东西可以到树的顶端? 孩子们想到了"六一"节那天在天上盘旋的无人机,于是,测量活动得以顺利进行。

用盒子测量　　　　用卷尺测量　　　　　　给飞机系线

操控好飞机　　　　用身高测量绳子　　　　用卷尺测量绳子

2.测粗细

瓶子组的小朋友主要测量树干的粗细,他们围着树干绕一圈需要18个矿泉水瓶。积木组的小朋友也主要测量树干的粗细,他们用到了13块清水积木。

用薯片桶量　　　　用矿泉水瓶量　　　　用积木量

用绳子测量　　　　带有刻度的卷尺能直接量出粗细

在测量的过程中,孩子们善于思考和记录,他们用贴纸和毛线在树干上做记号,因此在测量的时候能清楚地知道测量的位置、比较树干的粗细。测量中,孩子们发现越往上树干越细,需要的材料也越少。在第一次的测量中孩子们知道哪些材料适合测量树的高度,比如纸盒、毛线,知道哪些材料适合测量树的粗细,例如矿泉水瓶、卷尺等。

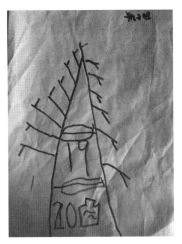

第一组瓶子组小朋友做的记录　　第二组瓶子组小朋友做的记录

幼儿的经验与学习

幼儿的经验是需要通过实践获得的。影响测量结果的因素非常多。孩子们在一次次失败的测量中,经验得到提升。孩子们能用自己稚嫩的语言指出绳子(尺子)不够紧(在测量的时候没有贴着树干,空隙较大),高度不够,中间拉的太短了(树上面细、下面粗,不是在同一高度测量的),大小不一样(三次测了三个地方,粗细不一样)。孩子们其实已经发现了问题,并且开始思考问题产生的原因。当孩子们用无人机和气球这两种材料测出树的真正高度时,他们获得了成功的喜悦!

孩子们在测量的过程中自然而然地和同伴一起分工合作。他们有意识地自主分工:谁放罐子,谁数罐子,谁在罐子站不稳时主动去扶。在合作的过程中他们相互学习。比如卷尺上的数据应该怎么看,孩子在一次次实践中,自然而然地学会了。

教师的思考与支持

拉夫尔·泰勒曾经说过:"学习是通过学生的主动行为发生,学生的学习取决于他自己做了些什么,而不是教师做了些什么。"在整个活动中,教师完全作为发现者、引导者和支持者,发现孩子可能还不明确的问题,迅速想出应对方法,让孩子真正理解高度、测量中的知识点。在发问的过程中,教师让孩子们自己去思考,再提炼要点,一步步地解决问题。这样,孩子们对测量的兴趣逐步加深,有的孩子在测量高度的时候还不经意地测量了粗细。而对于"怎么帮助孩子们区分高度与粗细",这些新的问题还有待我们进一步探索。

(此案例由翟海燕、钱佳老师提供)

幼儿园里的一棵树，不仅仅是一棵树。通过这个活动，我们对孩子在活动中得到的关键经验进行了梳理，这让我们更惊讶于该活动的价值所在。虞永平教授经常提到："你有什么样的资源，就有什么样的课程。但我们要做的就是把课程资源转变成儿童的经验，我们要做的就是支持幼儿拿资源'做事'。"

孩子是天生的探索家，更是主动的学习者。在课程中，我们看到孩子们表现出较强的好奇心、探究的兴趣和愿望。孩子们从发现问题，到实践中解决问题，再到遇到新问题，再次讨论分享经验，孩子们经历了"好奇""好问""好探究"的过程。孩子们一次次地探索，主动学习，形成经验，同时在这一过程之中保持热情和积极性，这是多么宝贵的学习品质。

教师一定要找到合适的位置。在课程中，教师找到一个合适的位置真的比较难。张斌老师曾说过："老师站得太前，幼儿跟着跑，追不上；老师站得太后，幼儿需要支持的时候，找不到老师。老师到底站哪里？当幼儿有探索的动机时，老师要给予即时鼓励；当幼儿主动探索时，老师要给予自由的空间；当幼儿尝试失败时，老师要留出寻找答案充足的时间；当孩子遇到瓶颈时，老师要善于给孩子搭台阶，努力提高教师的专业性。"

三、利用课程资源开展游戏活动

孩子是游戏的主人，我们充分运用周边资源，让游戏活动更加有趣、实在、有效。

百花园里的各种瓶瓶罐罐、盒子管道、锅碗瓢盆等都是幼儿演奏的乐器；彩虹园的一草一树、一花一木、一砖一瓦都是幼儿绘画的对象；时光隧道则是幼儿创作的画纸，幼儿在这里尽情挥洒创意；在种植林中，泥土、沙子、水都是幼儿种植的养料，缸、瓶子、罐子、篮子等都是幼儿种植的容器，在家长的指导下，我们和幼儿一起尝试土植、沙植、水植；在探究林中，幼儿用轮胎、梯子、长凳、油漆桶等各种材料进行构建，创设极富挑战的探究场，大胆进行游戏；在骑行区中，幼儿从家里把自己玩的滑板车、三轮车、自行车带来，将它们放在骑行区作为幼儿园的共享单车，大家用纸盒、彩纸、管道等材料模拟各种道路，在游戏中掌握交通规则；在角色区中，幼儿把班级的角色游戏材料搬到户外，进行野营、野炊、垂钓等各种户外角色游戏；运动场是幼儿最喜欢的一片天地，在运动场上，他们可以尽情挥洒汗水，各年龄段幼儿根据自己的能力，选择适合自己的游戏，进行攀爬、平衡、悬吊等训练。把资源向幼儿开放，让每一个能力水平不同的幼儿都能得到最大程度的发展。

四、利用资源开展亲子活动

　　人力资源是幼儿园活动开展不可或缺的重要资源,我们在各节气、传统节日、幼儿园四大节日等特殊日子,定期开展各种亲子活动,把社区人员或家长邀请到幼儿园里来,为我们的活动助力。重阳节,我们组织幼儿到南丰镇敬老院开展"四个一"活动,通过一场演出、一句关爱、一份礼物、一顿美餐,让幼儿在真实的情感体验中懂得关爱老人。体育节,我们利用小学操场,邀请家长们参与到活动中来,让他们随着昂扬的音乐和孩子一起排队进场。孩子们犹如一个个神气的运动员,以满腔的激情投入体育游戏中。阅读节,我们邀请家长和孩子一起到永联农耕园进行"为爱远行"——我为阅读代言活动,在行走宣传中倡议大家阅读,在绿茵草地上用亲子阅读感染路人阅读。自然资源、社区资源、人力资源不但充盈了我们的资源库,也让我们的幼儿园活动更自主、更有趣、更精彩。

第五章 园本教研与教师成长

第一节　园本教研现状

教研,即教育研究,在提高教师专业素养方面发挥着重要作用。教研活动主要是为了解决教育教学中的真实问题,教师搜集问题、确定主要问题、分析问题成因,再提炼教研主题、规划主题序列、设计活动方案,使教研活动更具针对性和系统性。幼儿园课程游戏化建设的推进,对教师的专业素养提出了更高的要求。针对教师对儿童行为的观察与分析能力、对课程的设计与实施能力普遍不足的现象,2017年,江苏省教育厅颁布《江苏省教育厅关于加强学前教育教研工作的意见》,要求创新教研工作机制,提升教研活动成效。而园本教研,是一种以园为本的教学研究制度,它是本园教师参加的、以直接提高保教质量为目的的教育研究活动,是教师交流教育感受、分享经验的平台,更是教师专业培训、专业成长的重要途径。但在实施的过程中它也呈现出如下一些问题。

一、随意、碎片化

对于以往的园本教研活动,教研部门虽然在学期初也制订了教研活动的计划和安排,但往往泛泛而谈,没有针对教师专业发展中存在的普遍问题以及教师专业能力的培养进行系统规划。教研活动往往是在本周开展"自然角的创设与利用",下周则安排"教师的提问策略",接下来一周都是"如何做好家长工作",内容安排随意、碎片化,缺少系统性。虽然活动对象是全体教师,但教研部门并没有根据教师的实际需求分层培训。因此对于有些能力强的、经验相对丰富的教师来说,该活动有"炒冷饭"之嫌,而对于部分刚入职的年轻教师来说,则出现"不够吃"的困扰。

二、被动灌输式

我们发现,很多的教研活动都是由业务园长和教研主任唱主角,给教师们带来不少新理念。但教师们往往只是作为储存信息的"口袋"和"容器",对于这些新理念缺乏自己的认识和思考。教师们缺少主动性,是被动的学习者与接受者,因此其将理念运用到实践中去解决"真问题"的效果不显著。虽然有时也会由一些骨干教师或年级组长来组织教研活动,但也存在过分注重"展示"而缺少对问题的深入"探讨"的现象。虽然大家也会一起研讨一些问题,但由于组织人员的理论性、专业性不够,无法真正帮助教师厘清概念、解决问题。

三、形式内容单一性

以往的园本教研活动大多以集体学习文章、观摩集体教学、评课议课为主,形式比较单一。教师们研讨的内容也往往聚焦在教师如何有效提问、教师如何创设区角环境、教师如何做好家长工作,且大多集中在对教师"如何教"的研讨,而忽略了对幼儿"如何学"的研讨,总体来说形式和内容比较单一。

第二节　园本教研原则

一、儿童本位的原则

园本教研工作应贯彻党的教育方针,遵循儿童身心成长规律,坚持儿童优先、儿童平等发展的原则,让每个儿童获得个性化的发展,不得牺牲或部分牺牲儿童发展权益开展教研活动,不得组织儿童进行表演性教研活动,不得为教研活动而对幼儿进行集中训练。园本教研工作应贯彻《纲要》和《指南》精神,珍视儿童生活和游戏的独特价值,以不影响儿童日常生活和游戏为原则,最大限度地融合在儿童一日生活之中。教师不得将儿童从生活与游戏环境中抽离出来,组织非日常环境下的集中教研观摩。我们积极提倡室外观摩和视频观摩。室内教研活动时,每个活动室中的非本班教师原则上不超过 5 人。

二、问题导向的原则

问题导向就是以解决问题为方向,及时发现问题,认真解决问题,从而不断适应新形势,推进新发展。在园本教研中坚持问题导向的原则,就是我们的教研要基于教师日常工作中遇到的问题来开展,基于问题形成园本教研主题,通过园本教研来帮助教师解决问题,促进教师专业能力提升。

三、提升专业的原则

教师是提升课程实施质量的中坚力量,园本教研工作的目标是促进园本教师的专业发展、提升教师的专业能力。园本教研应当从诊断教师专业能力开始,指导教师专业实践,推动教师专业行为,与教师日常保育教育工作相融合,避免单纯以赛代研、以评代研。

四、系统规划的原则

教研工作应基于国内外科学研究成果,针对教师专业发展中存在的普遍问题,对教师专业能力培养过程进行系统规划,做到系统设计与弹性实施相结合、片区教研与园本教研相结合,力求每一次教研就是一次进阶,防止教研活动的随意性和碎片化。

第三节　园本教研组织

一、注重教研内容的系列化

首先,注重问题导向性研讨。随意、碎片化的园本教研,不能帮助教师们切实解决实践中的问题、系统深入地进行研讨。为此,我们以问题为导向,从如针对教师一日活动中遇到的问题、幼儿游戏中呈现的行为表现、教师的困惑、家长反馈的信息等多个层面搜集各类共性的典型的问题,进行归纳和整理,形成有研讨价值的教研主题。我们把平时教育教学中的热点、难点作为教研主题,聚焦问题、突出重点,在教研活动前,制订详细的活动方案,让教师"带着话题来讨论""带着经验来交流""带着共性难题来进行实践探索"。

其次,强调专题系列化研讨。很多时候,通过一两次教研活动并不能帮助教师们解决问题,往往需要更多次的系列化研讨,才能真正"研足研透"。以幼儿园沙水游戏的组织为例,在华爱华教授的引领下,我们从沙水游戏硬件环境如何改造、如何提供适宜的沙水游戏材料、教师如何放手让孩子进行沙水游戏、孩子们玩沙水游戏时是否需要计划和主题、沙水游戏时教师如何有效观察、如何发现沙水游戏中孩子的学习、如何有效地支持和回应幼儿等专题入手展开一系列的研讨,大大提高了教师组织沙水游戏的能力。

再次,形成五阶深入式研讨。在研讨每个主题时,我们都要历经五个阶段:第一阶段,搜集教师的困惑、观摩现场或活动组织后的问题;第二阶段,学习、搜索相关的理论知识;第三阶段,开展专题教研活动;第四阶段,实施调整;第五阶段,回头看。系列化的教研内容弥补了单一教研内容在针对性和深入性上的不足,有效地支持教师围绕教研的真问题进行持续性的研讨,较好地促进了本园教师的专业成长。

二、注重教研形式的多样化

(一)体验式教研

有人说,要想了解儿童,先要让自己成为儿童。为了让教师们理解游戏在儿童成长中的价值,我们尝试通过教师参与游戏的方式,让教师身临其境地感知、实践,产生独特的感受和认识,体验游戏中蕴含着的教育价值,并分享各自的感悟,打开思维,碰撞出智慧火花。例如,为了提高教师游戏的指导能力,本园开展了"小游戏中的大智慧"教研活动。首先,由两位年轻教师当主持,把全体教师分成三组。一组教师模拟一个年龄段幼儿的游戏情境,通过创设角色游戏场景,再现幼儿的游戏表现。另外两组教师基于观看这种模拟现场开展大讨论,反思模拟情境中教师的教育行为和教师在游戏中的指导策略。教师们针对游戏的导入和讲评、观察指导的方式、介入游戏的时机,以及不同年龄段幼儿在游戏中可能达到的游戏水平,都进行了细致的思考和踊跃的发言。又如在教研活动"STEM 理念下的游戏"中,教师通过独立搭建游戏场景、小组合作搭建高塔等游戏,体验自己在游戏中如何思考、如何合作、如何学习。通过这种体验式教研活动,教师能更好地换位思考,从而将经验迁移到幼儿自身。

(二)多元式教研

我们通过全园参与、小组研讨、项目组沙龙、年级组互动等多种形式来组织开展教研活动,鼓励人人发言、人人参与。随着课程游戏化的推进,我们将学科组进行重建,设立户外游戏项目组,包括沙水游戏项目组、音乐林游戏项目组、体能游戏项目组等,设计了教研项目菜单,供教师自由选择。教师可以选择自己喜欢的项目组,进行合作探究、平等交流、成果共享。

(三)网络式教研

我们依托现代信息平台,如微信、钉钉、腾讯会议等开展了多次网络式教研。网络式教研不受时间与空间的限制,在开放、动态、交互的平台中,我们对存在的问题进行探讨。如在"自然角与天气记录、分享会"中,教师对观察到的幼儿记录进行分析与解读,并将照片上传到微信群中,与全园教师分享幼儿身上的"哇"时刻。网络式教研让教师的思考更充分、表达更真实。一些平时不善言辞的教师也纷纷参与到教研活动中,在一次次的分享与交流中,提高自身的专业能力。

(四)跟踪式教研

以幼儿为主体的课程必须持续跟踪幼儿学习活动、掌握其学习特征,才能制订或调整教育方案。以往的教研活动往往聚焦于某一环节,对此,我们进行了改革与调整。我们尝试通过便笺式、照片式、视频式以及语音式的观察方法,以半日为一个时间周期,持续性地跟踪与观察幼儿学习活动,倾听他们的声音。我们运用《纲要》《指南》等的理论科学解读与评价幼儿的发展,了解幼儿的已有经验,分析幼儿的真实发展水平,从而树立正确的儿童观。在科学观察、正确解读的基础上感受幼儿发生的变化,提供有效的支持策略,让教师的教育策略更为有效。

三、注重教研重心转向儿童

要研究儿童,首先要了解儿童、尊重儿童,更要发展儿童。《江苏省教育厅关于加强学前教育教研工作的意见》中指出:"学前教育教研工作要从研究教师如何教转向研究幼儿如何学,要从集体教学现场转向幼儿日常游戏现场,要从研究教学内容转向幼儿游戏中发生的学习,要从研究教师的教学策略转向研究如何为幼儿游戏提供适宜的空间、环境和材料。"基于此,我们的教研不仅仅是研究教师,而是转向研究儿童、儿童的游戏、儿童的一日生活以及儿童如何学习。

(一)了解儿童

陈鹤琴先生说:"要教好小孩,就要发现小孩,了解小孩,解放小孩,信仰小孩,变成小孩。"了解儿童,是一切教育的开始。教师的首要任务是要了解儿童。只有了解儿童,教师才能更好地为教育服务。为了更好地了解儿童,我们开展了"幼儿的游戏故事分享""幼儿的观察记录分享""如何在游戏中发现孩子的学习"等一系列专题教研活动,让教师们走近儿童,走进童年,真正了解儿童。

(二)尊重儿童

转向研究儿童的教研,强调教师要尊重儿童。如在教研活动"区域环境创设与材料使用"的研讨中,我们从儿童立场出发,围绕区域设置是否尊重孩子的兴趣、环境的创设是否适宜孩子的活动、区域活动材料的选择是否适宜孩子的年龄特点和认识特点、区域材料的提供是否体现个体差异或突出层次性等问题展开讨论,既尊重了儿童的兴趣与需要,又尊重了儿童的年龄特点、心理特点。只有尊重儿童的教研,才是有效的教研。

(三)发展儿童

以儿童发展为中心的教研,强调教研是为了发展儿童。我们知道教研的主体是教师,教研活动中教师参与交流分享、研讨学习,但这种活动的最终落脚点还是儿童的发展。我们通过教研活动,提高教师的专业能力,最终促进儿童的发展。

杜威说:"教育的目的是求得继续的生长。"让教师在园本教研中主动参与、共同学习,体验自我成长和发展的快乐,让教研活动变得更为有效,是我们的期待与追求。我们基于问题,优化了园本教研,提高了园本培训的效能,提升了教师的专业素养,推动了幼儿园课程游戏化的建设水平。园本教研是一个长期的系统工程,需要我们不断努力、不断探索园本教研的新举措、新方法,最终塑造出一支高素质的教师队伍!

第四节　园本教研列举

一、关于"儿童观"的园本教研

幼儿园课程改革的第一步就是改造我们的儿童观和教育观,要求教师在游戏中重新认识儿童,将对儿童的认识从"儿童是一个无知无能等待教育的容器"转变为"儿童是一个积极主动有能力的学习者"。原国家督学成尚荣先生在《儿童立场》一书中写道:"儿童研究应当是教育研究的母题,教育的一切研究都是以儿童研究为基底的,都要从儿童出发,为了儿童发展而研究。"儿童研究是教师的"第一专业"。要帮助教师树立正确的儿童观,首先要让教师了解儿童。有人说:"我们都是长大了的儿童,只有成为儿童,才能更好地了解儿童。教师是派到儿童世界去的文化使者。"为此,我们开展了一次与自己的童年"对话"的园本教研活动,让教师们回到童年,再来理解儿童,从而帮助教师树立正确的儿童观。

——[案例] **对话"童年",了解儿童**

教研目标

1.让教师们回忆童年、畅谈童年的趣事,将自己的童年与现在孩子的童年进行比较,思考孩子喜欢什么、需要什么。

2.通过研讨和思维碰撞,帮助教师树立正确的儿童观。

活动人员

南丰幼儿园全体教师

活动时间

2018 年 9 月 5 日

活动过程

主持人:"有许多教育专家呼吁,现在的孩子已经没有了童年,孩子的童年已经在慢慢消逝。而我们作为学前教育工作者,作为每天和孩子们在一起的教师,对孩子们了解多少? 我们可以为孩子的童年做些什么? 我们怎样才能让孩子感受到真正的幸福童年? 对此,我们开展了一次'对话童年'的园本教研活动。本次教研活动分为四个主要环节。"

▶ **第一环节:对话——童年! 童年?**

主持人:"童年是真中的梦,是梦中的真,每个人都有自己难以忘怀的童年。老师们,你们还记得自己的童年吗? 请大家用一个关键词来概括你的童年。"

教师 1:"快乐的。"

教师 2:"无忧无虑。"

教师 3:"玩。"

开心,自由,吃喝玩乐,没人管,美好的,不知天高地厚,想长大,好奇,有活力……一时之间,教师们对童年有了很多定义,每个人的童年都不一样。在回忆童年时,每个人脸上都洋溢着笑容,似乎又穿越回了童年时光。

▶ **第二环节:畅谈——童年趣事**

主持人:"童年是快乐的,童年是欣喜的,童年里总有一些事儿让我们记忆犹新,至今难忘。下面就请老师们和大家分享一下自己的童年趣事。"

很多教师都分享了自己童年的趣事,大家共同的感受就是:童年是快乐的,童年是人生重要的组成部分,它永远印刻在每个人的心灵深处。

▶ **第三环节:比较——童年不同样**

主持人:"我们幼儿园有 70 后的老师、80 后的老师、90 后的老师,以及一群 10 后的儿童,请老师们分成四组,分别讨论交流四个不同年代的人的童年生活,主要围绕游戏伙伴、活动空间、玩具等主题进行交流,并且将每一组的讨论内容记录在纸上。"

下表是根据教师讨论的内容整理的。

不同年代的童年

项目	年代			
	70 后教师	80 后教师	90 后教师	10 后儿童
游戏伙伴	由于家里一般都有兄弟姐妹,游戏伙伴基本上是自己的兄弟姐妹,当然也有一些邻居或同村的、年龄差不多大的孩子	由于家里大多以独生子女为主,游戏伙伴都是邻居和同村的孩子	由于家里基本上只有独生子女,大多是独自玩,有时也会和同村(或同小区)的人玩,或和住得比较近的同学玩	大多是独生子女,但"二胎"也开始多起来,和同小区的孩子玩得比较多

续表

项目	年代			
	70后教师	80后教师	90后教师	10后儿童
活动空间	家里、农田里,各种能想到的地方都是一起玩的营地	活动场地也相对多一些,户外比较多	自己家、邻居家、同学家,户外比较少	以家里为主,也会去小区广场玩
玩具	全是自制的玩具:弹弓、弹珠、沙包、铁环……不记得父母给自己买过玩具,都是自己和同伴一起做的	自制一些,偶尔也会买一些,但因为买的玩具贵,所以很少买	不记得自己做过什么玩具,以买的、现成的为主	全是买的玩具,种类多。没有自制的,喜欢玩电子产品

▶第四环节:反思——现在的童年缺失了什么?

主持人:"刚才老师们围绕每组讨论的内容进行了交流。对比四个不同年代儿童的童年,思考一下现在的孩子到底缺失了什么。"

教师A:"现在的孩子身边围的人太多,被管得太多,都没有自由了。"

教师B:"比较孤单,平时只能在家跟大人玩,没有同伴。"

教师C:"现成的玩具太多,缺少对材料的自主探究。"

教师D:"活动空间太窄了,感觉现在的孩子没有我们小时候玩得开心。"

……

反思:童年不同样

教研活动虽已结束,但留给我们的却是一串思考:从教师们讨论的内容来看,10后孩子的童年和70后、80后、90后的童年有着明显的差别。首先,现在孩子的活动空间没有以前的大。70后小时候不仅在家里、农田里玩,只要能想得到的地方他们都会去玩,他们有更多的机会亲近大自然,比如挖地瓜、捉蝴蝶、拔小草,他们能在大自然中建构自己的"直接经验"。可10后的孩子就像生活在鸟笼里的小鸟,被一大群成人呵护着。现在的儿童接触和交往的对象主要是家庭中的成人,而成人的能力、社会经验、发展水平与儿童完全不同,因而这种儿童与成人的交往关系是不平等的,主要是被照顾者与照顾者之间的关系。幼儿与同伴的交往有助于提高幼儿与人沟通交流的能力,增强其与同伴合作的意识,学会分享,懂得处理人际关系,这是成人无法包办替代的。再次,10后的孩子缺少独立和自由。从童年趣事分享中,我们可以看到,其实很多孩子都希望有自己的独立空间,即使玩,也希望能躲避成人的视线。可是我们现在的孩子几乎无时无刻不生活在成年人的视线里。当然这也可以理解,成人这么做是为了儿童的安全。但我们成人是否可以在尽可能地排除安全隐患的同时,留给孩子一定的空间呢?

缺少空间,缺少玩伴,缺少自由,缺少独立……这不得不让教育者反思,10后的童年生活真的幸福吗?或许,也有很多人会说,10后生活条件那么好,要什么有什么,是大人的掌上珠、家里的小太阳。但儿童有没有体验到幸福,不是由成人去断定的,也不是凭儿童给成人的答案去断定的,而是需要我们去了解儿童的现实生活,了解儿童的真实感受,从儿童精神生命成长的历程中,辨析儿童是否真正感受到幸福。虞永平教授曾在他的《学前课程与幸福童年》一书中写过这样一句话:"幼儿有没有获得幸福,是衡量幼儿教育成效的最根本的标准。"作为教育工作者,我们拿什么来拯救孩子的幸福呢?这又引起了我们的进一步思考:我们可以做什么?

苏联教育家赞可夫说过:"了解儿童,了解他们的爱好和才能,了解他们的精神世界,了解他们的欢乐和忧愁,恐怕没有比这一点更重要的事了。"那么,我们的教育实践可以有些什么改变呢?

1.多一点玩伴陪伴

为了让孩子有更多的同伴,我们开展了——"大手拉小手"混龄活动。首先,我们在园内班级分布设计的时候就打破平行班的常规,在同一楼层安排了小、中、大三个年龄段的班级。我们在生活活动、游戏活动时开展"大带小"活动。混龄又分小跨度混龄(相差一岁)、大跨度混龄(相差两岁以内)。小跨度混龄的孩子们年龄接近,他们原有的经验与思维特征、理解能力也较为接近,可以更好地合作与互动;在大跨度混龄的孩子们中,大孩子能很好地展现榜样、责任与义务等品质。除了园内混龄,我们还将尝试园外混龄。由于本园对面就是小学,我们可以很方便地利用小学的课间户外活动时间,尝试让小学生与幼儿园大班孩子们进行互动。我们通过园内园外的混龄活动,让幼儿拥有更多的玩伴。

2.多一点私密空间

作为一个不断成长的独立个体,幼儿在成长过程中会产生各种心理需要:安全需要、独立需要、自主需要、尊重需要等。心理学家认为,5岁左右的幼儿就有了完全属于个人的秘密,需要有自己的空间和世界。因此,从幼儿的心理需要出发,我们尝试创设一个相对独立、自由、隐秘的私人空间,以满足幼儿的心理需求,促进幼儿心理的健康发展。为此,我们给每个孩子设立了一个私密柜。孩子们可以"我的柜子我做主",在柜子中藏放自己的"宝贝"。我们还在每一个教室里,投放了一个儿童小帐篷,里面放置柔软的坐垫和各种毛绒玩具,可以容纳两三个幼儿活动。我们努力营造出一种温馨、和谐、隐秘的环境氛围,给幼儿以舒适、安静的感觉。在这里,孩子们可以"我的地盘我做主"。

3.多一点自主机会

《现代汉语词典》对"自主"的定义是"自己做主"。从心理学的角度来看,自主性是个性的一个方面,主要是指独立性和主动,即不依赖他人、自己主动负责的个性特征。幼儿自主性具体指幼儿按自己的意愿,带着自己的问题,自己在探索中解决问题,自己在尝试中逐渐得到结果。作为一种教育价值取向的更高追求和教育目标的重新选择,自主性学习已日益凸显出它的重要性、必要性和迫切性。因此,我们开展自主式户外活动,活动场地、活动器械都由幼儿自由选择;开展自主式区域活动、角色游戏活动,学习内容、材料、游戏角色都由幼儿自主选择。对于生活点心,我们也采用自主式点心。我们尽量减少集体活动,不再按同一内容、同一标准开展活动。我们尊重每个孩子自由选择的权利,提供各种机会,真正让孩子做主。

如果说幸福就像一颗种子,那么我们幼儿园教师就是种子的播撒者。儿童今天的幸福就是人类未来的幸福,让我们一起为孩子们播下幸福的种子吧!

二、关于"游戏"的园本教研

本园于2018年9月加入华爱华工作室——沙水游戏项目组,对于沙水游戏的探讨,我们采用的是过程导向的持续性的教研方式,主要是在活动现场进行研究,跟踪幼儿的活动过程,从场地的改造、材料的提供、教师的支持等多方位出发,进行持续性的、跟踪式的探讨和研究,实现活动的整体性、持续性和幼儿经验生长的完整性。下面以沙水游戏为例。

[案例] 沙水游戏活动组织的探索与实践

◆ 第一次教研:改造,沙池大变样

教研目标

(1)通过实地观摩、教师的研讨以及对幼儿改造沙池的设想的梳理,搜集关于沙池改造的建议和意见,形成沙池改造的初步方案。

(2)创设能支持幼儿自由、自主、创造性游戏和学习的环境,通过研讨和思维碰撞,刷新教师的儿童观和游戏观。

活动人员

南丰幼儿园全体教师

活动时间

2018 年 9 月 27 日

活动过程

沙池上架了一个网,孩子们在玩沙滩排球的游戏。一段时间后,我们发现其中有小部分的孩子捡了树枝和石头,在沙池旁边进行自主的游戏,甚至还出现了合作性的自主玩沙活动。这一现象引发了教师们的思考。

一、搜集信息

我们给幼儿提供了这样一个开放式的场地,但是教师们活动的组织是不是限制了幼儿的活动?沙池上只能玩沙滩排球吗?

我们可以去问一下游戏真正的主人。

二、梳理设想

关于沙池,孩子们最想玩的是什么游戏?如果沙池可以改造,孩子们想怎么改造呢?

听听孩子们的想法

晗晗:"我们可以在沙水区里面建一个长长的桥。"

轩轩:"老师,夏天我们玩沙的时候太阳太晒了,要是有一个能遮阳的东西就好了。"

雯雯:"取水的水池离这边有点远,我想在沙池旁边装两个水龙头。"

……

孩子们对沙池的改造充满了期待和想法。教师们搜集了孩子们对沙池的一些设计。

看看孩子们的设计

幼儿设计的沙池(一)

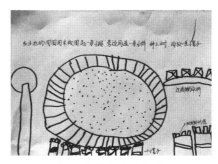

幼儿设计的沙池(二)

 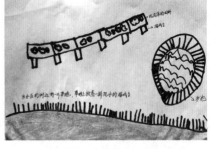

幼儿设计的沙池(三)　　　　　　　　幼儿设计的沙池(四)

三、思维碰撞

怎样才能把沙池改造成孩子们喜欢的小天地呢? 为此,我们做了一系列的事情。关于沙水的第一次集中研讨就此开展。

主持人:"各位老师,你们觉得现在的沙池需要改造吗? 为什么需要改造? 哪里需要改造?"

景丽君:"沙池的边是用水泥做的,棱角比较尖,容易出现安全隐患。"

钱海燕:"我觉得沙池里的沙子比较粗,颗粒比较大,不适合孩子游戏。"

杜蓉:"沙池里的几根PVC管做的投球装置太大了,把沙池变成了运动型的场地,局限了孩子的游戏。"

……

老师们纷纷对沙池提出了自己的看法。这确实就是现状,我们需要把沙池更有效地利用起来。那么该将沙地改造成什么样呢? 新的沙池应该有哪些功能呢?

主持人:"如果是你,你想把沙池改造成什么样? 你觉得沙池要有哪些功能?"

戴敏:"沙池那边应该有洗手的地方,孩子们游戏结束了可以直接洗手。"

朱晓宇:"沙池的上方可以做一个顶棚,夏天太热了,顶棚能挡住阳光,即使天热,孩子们也能去玩,我们也不用担心孩子的皮肤被晒伤。"

蔡倩:"沙池要有一条水系,或者是弄点按压式的水井。这样孩子在玩的时候有沙有水。如果不行,我们还可以弄一些蓄水的缸,让孩子们用小桶去接水。"

……

主持人:"老师们的想法非常好,我能感觉到大家对沙池的改造充满了期待。我们将根据孩子们的想法以及教师们的一些考虑,共同改造沙池。"

改造前的沙池　　　　　　　　改造后的沙池

四、活动小结

顺应幼儿的特点和兴趣需要是幼儿园户外环境创设最关键的立足点。户外游戏环境的创设慢慢地实现从单一的"运动场"到多样的"游戏场"的转变,实现从单一的教师层面的思考到以幼儿为主、多方参与的思考的转变。为了衡量学习环境能否支持幼儿自由、自主、创造性地游戏和学习,教师不能以成人的视角对环境和材料进行过度工具化的设计,而要跟随儿童游戏的兴趣和活动的进展做出改变。

◆ 第二次教研:探索,游戏工具选择

活动目标

(1)通过现场观摩和游戏观察,关注幼儿和游戏材料的互动,分析幼儿的游戏行为。

(2)通过理念引领、现场观摩、研讨分析确定如何给幼儿提供适宜的游戏材料。

活动人员

南丰幼儿园全体教师

活动时间

2018 年 10 月 25 日

活动过程

随着沙水池慢慢建成,外部的硬件完成得差不多了,那孩子沙水的游戏工具应该怎么选择呢?南丰幼儿园成立沙水研讨小组,开始对沙水游戏工具进行探索和研究。

一、理念引领

主持人:"我们可以为沙水游戏提供哪些材料?"

在遇到困难的时候,查阅书籍是首选办法,《0~8 岁儿童学习环境创设》《幼儿园户外环境创设与活动指导》给了我们很多的帮助。参考书中的一些内容,我们后来又添置了很多游戏材料:各种各样的铲子、铁质和塑料的耙子;大小不同的水桶、瓶子;不同材质的小推车;大大小小的铁

盒;不同材质、不同大小的筛子;各种各样的 PVC 管(有的剖成两半);夹沙球工具;不同长度的软管。这些材料全都被放入各自对应的整理箱内。同时,我们贴好相应的照片标记。

二、材料互动

教师为孩子们准备了一些基础的材料,但真正检验材料适宜性的还是孩子,因此应观察孩子和材料的互动情况。

教师:"你们以前是怎么玩的?"

幼儿1:"我用工具挖过水池。"

幼儿2:"我玩种石头的游戏。"

……

教师:"你们在玩沙水游戏的时候都用了哪些工具?"

幼儿1:"铲子。"

幼儿2:"我用过耙子。"

……

三、观摩研讨

在介绍材料的过程中,孩子们看到了这么多材料,对即将进行的沙水游戏非常期待。

丁璐易:"孩子们玩了 20 分钟左右,有两种工具没有被用到,一种是筛子,一种是 PVC 管。我尝试把 PVC 管接到水龙头处将水引到沙池中,孩子们才开始对水有了兴趣,拿各种容器取水,倒在 PVC 管里引流。随后我说'如果能把这两个大坑连接起来,就变成了一条河啦',孩子们开始尝试开沟,同时把水引到他们挖的河沟中。"

季佳雪:"在游戏的过程中,我们没有预设任何主题,孩子在完全自主的状态下进行游戏。我们发现孩子具有很强烈的探究意识,他们探究各种工具的玩法,突破了我们成人的固定思维。夹沙工具不但可以夹沙,还可以夹水,小推车不仅能运沙,还能运水,同时还能混合沙水。虽然孩子在游戏中表现出简单、随意、机械的重复,但是他们还是有发现、在探究的。"

幼儿用各种工具挖坑

幼儿用各种方式往坑里运水

张颖婷:"当发现孩子的经验只停留在用不同的工具挖坑、装水时,教师通过一个简单的提问,引导孩子引水、通河。这没有限制孩子的思维,而是让他们自主发展。"

……

主持人:"孩子最喜欢的游戏工具是什么呢? 接下来我们应该如何给孩子提供材料呢? 经过这么多次的沙水游戏活动,以及其他你观察到的活动,你认为孩子最喜欢什么样的材料? 他们对哪种材料比较感兴趣,对哪种材料缺乏兴趣?"

顾卫峰:"我觉得孩子对引水类的材料比较喜欢,但是他们不会用,一是材料太重,二是组装有难度。"

成红:"孩子对管子类的材料也抱有浓厚的兴趣,但是他们玩着玩着容易对其感到厌倦。"

……

下面和大家分享两幅画面。

画面一:今天新添置了角色扮演材料、建构材料、各种管子类的材料。当我说游戏开始的时候,孩子们开始去选择材料,基于前两次玩的经验和新材料介绍,孩子们也会去看一下新材料,但是选择工具类材料的孩子还是比较多的。

画面二:今天取放材料需要孩子们绕过沙池。当我说游戏开始的时候,孩子们有的小跑,有的快步走,全部集中到了挖掘类工具那边。

主持人:"由此可见,孩子在工具选择方面,首选的是挖掘类工具。大家可以再仔细地观察一下。我们也可以做一张记录表,让孩子选择一下自己最喜欢的工具。"

主持人:"虽然这是两个简短的画面,但是从中我们能看出,孩子还是热衷于选择挖掘类工具的,可能是因为玩沙最开始就是挖沙。对于这个问题,我们也进行过思考,是不是因为平时孩子挖沙的需要还没有得到满足,所以孩子们的首选几乎都是挖掘类工具。但是经过多次的游戏,我们发现孩子们在工具选择上还是偏好挖掘类工具,区别只是他们在选择挖掘类工具的时候会有个人喜好,有的孩子喜欢选择柄长的、铁质的挖沙工具,没其他选择时,才去拿短柄的挖沙工具。"

四、活动小结

在材料的提供中,我们用低结构材料替代高结构材料,给予幼儿更多的创意和想象的空间,创造出更多的游戏可能。在组织游戏的过程中,我们不再设目标,不固定材料的玩法,而是让幼儿根据自己的需要,在和材料的互动中(不断地摆弄、探索、挑战)积累经验。在观察研讨中,我们发现当材料去年龄化以后,对于同样的材料,孩子玩出的水平是不一样的,我们不用纠结应该给每个年龄段提供哪些不一样的材料,我们需要关注的是哪一类材料容易诱发幼儿的哪些游戏行为。

◆ 第三次教研:引智,专家引领前行

活动目标

(1)通过游戏观摩、现场思维碰撞、专家引领,分析幼儿的游戏行为。

(2)提高教师放手游戏、观察幼儿的能力,有效地支持幼儿学习。

活动人员

南丰幼儿园全体教师

活动时间

2018 年 11 月 6 日

活动过程

上海华东师范大学教授华爱华及专家组成员莅临南丰幼儿园,对由五所幼儿园(即南丰幼儿园、塘桥幼儿园、东湖苑幼儿园、妙桥幼儿园、鹿苑幼儿园)组成的沙水研究小组就沙水区活动进行指导。

一、观摩研讨

请每位教师对孩子的玩沙游戏进行观察:孩子在玩什么? 孩子是怎么玩的? 有两种记录形式,一是以片段式的方式有选择地对一组孩子进行游戏记录,二是看到孩子在玩什么就记录下来。

主持人:"上午教师们观摩了沙水游戏活动,那现在请大家结合观察记录表,分享一下在上午的游戏过程中你观察到了什么。"

黄青玲:"有的小朋友在用角色扮演类的材料制作森林,还把小鸟放在树的顶端,表示鸟窝。"

周裕钦:"有的孩子想尝试玩水,但是发现水比较深,就没有再继续玩。"

······

执教教师:"孩子拿着PVC管搭了一个斜坡,开始引水。有的孩子开始陆陆续续搬运扮演类玩具,把小动物放在河边,建造动物园。有的孩子说,把小动物们放在水里它们就不会伤害我们了;有的孩子先把小动物放在水里,再用工具把它们捞起来。在游戏的时候,有个别孩子只是用小水桶装满沙子,再拿一些植物插入,说'你要买几朵花?''两朵',然后把种在沙子里的花拔出来递过去,收下钱。显然他们这是在玩角色扮演类的游戏。下雨也没有阻挡孩子们对沙水游戏的热情,反而给游戏增添了色彩,让孩子挖出的河道自然积水。雨天玩沙水,能给孩子们一种不一样的体验,甚至是一个难忘的回忆。"

幼儿用 PVC 管搭一个斜坡　　　　　　幼儿把小动物放在水里

主持人:"老师们观察到的真多,刚才发言的 10 多位老师对幼儿沙水游戏的描述几乎没有重复。那我们观察沙水游戏时的要点有哪些呢?我罗列了一些,我们一起来学习一下。我们为什么要有观察要点?在沙水游戏的过程中,我们老师的角色是什么呢?我们应该如何帮助孩子提升游戏水平呢?最后的讲评环节至关重要,这往往是被我们忽略的一个环节。那通过今天学习的观察要点,请老师们设计一份自己的沙水游戏讲评环节,等会儿分享一下。"

二、专家引领

华教授用专业的理论和朴实的案例围绕沙和水的关系、沙水游戏的时间安排、幼儿的游戏水平、沙水游戏材料等方面一一进行了指导和解答。

教师积极研讨　　　　　　　　　华教授现场指导

专家建议

华教授:"材料不能频繁变化,否则会影响孩子的游戏水平。材料要分好类,比如工具类、建构类、自然类、扮演类、管子类、容器类等。带着这样的思考,我们决定再加入一些新的材料,扮演类(小动物、树、草、小房子、小汽车等)、管子类(下水管软管、细的 PVC 管子)、建构类(小型建构长条积木)等的材料。"

1.鼓励给不同年龄段的孩子提供相同的材料

(1)提供适合不同年龄阶段玩的,并能玩出多种花样的材料,这些才是真正的低结构材料。越是低结构的材料越是多层次、多功能。

(2)面对同样的材料,孩子们展现出的游戏水平是不一样。教师可观察小班、中班、大班孩子分别玩出了哪些花样和水平。材料不要分小、中、大,我们要关注的是哪一类材料容易诱发孩子的哪些行为。

2.不建议高频率地更换游戏材料

高频率地更换幼儿的游戏材料是不利于提高孩子的游戏水平的。新材料投放后,一开始,孩子的游戏水平往往是不高的。孩子们面对陌生的材料,往往只是进行摆弄性质的游戏,因为孩子们探究和熟悉材料是需要一个过程的。

3.关于低结构材料和高结构材料的辨别

(1)低结构材料高结构地投放

如果在低结构材料投放的过程中要求孩子必须如何使用,就是低结构材料高结构地投放。

(2)高结构材料低结构化

对于一个高结构材料,如果教师没有给它设定玩法,且教师的指导和观察也是开放的,那么这就是高结构材料进行了低结构化的处理。

三、活动小结

孩子的经验是玩出来的,这需要教师有一双善于发现的眼睛,发现孩子的发现,发现孩子的玩法,看孩子是怎么自我提高的,逐步从"看到"提升到"看懂"。作为教师,我们要考虑的是:我给他的时间够吗? 我给他的鼓励够吗? 我给他的肯定够吗? 我给他的材料够吗? 我们应先从放手开始,再进行科学的观察,最后提供有效的支持。

四、我们的收获与思考

本次活动主要是围绕场地的改造、材料的提供、教师的支持等方面进行的现场观摩、实地查看、研讨交流、专家引领等多种形式的园本教研活动,旨在为幼儿提供最合适的场地、材料和指导。同时,这个系列化的活动过程,能促进教师的专业成长,让教师学会观察儿童,学会发现问题,学会向儿童学习,学会根据幼儿的游戏行为进行分析,并能提供相应的支持策略。

1.儿童参与的环境改造

环境是自主游戏的支撑,环境结构预示着游戏的深度。能触发探索、创造和改变的环境是较好的课程资源。所以,我们要提供一个孩子能参与改造、自主决定,同时能支持孩子深度学习的游戏场所和游戏环境。而这一改造一定是有利于孩子的创造性活动的。所以,我们在发现孩子自主玩沙的现象后,决定改造游戏环境时,就要让孩子们真正参与到其中,满足幼儿的兴趣和需要。

2.提供适宜的游戏材料

材料是深度探究的载体,在游戏活动中,幼儿根据自己的想法和需求搜集材料,教师提供必要的援助。材料是隐形的推手,材料的预设和生成、材料的选择和运用,反映了幼儿的原有经验和探究水平。在运用材料的过程中,幼儿不断地发现和调整。教师通过现场的观摩和对幼儿的行为分析,实际上也是在研究材料与幼儿之间的关系。不同材料带给幼儿不同的能力,也带来更深度的探索和学习。我们还要反思材料的适宜性,在此基础上有目的地调整材料。

3.理解幼儿的游戏行为

支持是深度游戏的催化剂。在游戏推进的过程中,"教师如何发挥作用"是我们要思考的问题。我们对幼儿聚焦的问题要产生共鸣,通过观察,理解幼儿游戏行为背后真正的意义,提供探索的时间、空间和材料支持。在提供支持的同时,要静观其变,对幼儿在活动中碰到的困难不急于给予帮助。在给幼儿提供支持之前,教师应先学会放手和观察。

(此案例由陈小燕老师整理)

三、关于"关注生活"的园本教研

江苏省课程游戏化第二步支架指出:在考虑年龄特点的基础上,尝试各个生活环节的自我服务和独立完成。从儿童入园独自进入幼儿园和教室开始,包括餐点、饮水、如厕、穿衣、叠被、用具整理等,我们充分利用各个生活环节落实《指南》目标,在保障安全的基础上,合理安排教师站位,优化教师观察与指导行为。一日活动皆课程,幼儿的生活活动也是课程的一部分。如何组织好生活活动,让幼儿在生活活动中习得经验、完成自我服务,是值得大家思考的问题。基于此,我们对生活活动的组织开展了探索和研究。

──[案例] 幼儿园生活活动的组织

◆ **第一次教研:追随儿童的脚步——幼儿来园活动的探索和研究**
教研目标

1.通过幼儿的表征看幼儿的学习,进一步提高教师关于生活活动的组织能力与指导水平。

2.帮助教师树立正确的儿童观、教育观、游戏观,不断提升专业能力。

活动人员

南丰幼儿园全体教师

活动时间

2020 年 11 月 2 日

活动过程

一、现场观摩,共同体验

主持人:"今天我们进行一场关于来园活动中天气记录的研讨活动。首先我们进行一次现场观摩,去看看每个班天气记录的情况。接着我们再对观摩情况进行研讨。请教师们带着问题进行观摩。"

问题:

(1)设置的环境是否有利于幼儿自主活动?

(2)提供的材料是否能支持孩子们的持续性探究?

(3)关注孩子们记录的方式和内容,通过表征看孩子们在关注些什么。

(4)从游戏故事记录上能否看出孩子遇到的一些问题,同时,孩子对问题是否有持续性的记录?

二、交流发现,解读儿童

钱嘉庆:"在大 8 班的天气记录中,幼儿能记录几种常见的天气以及天气预报和人们的生活联系。大 3 班的幼儿自主记录天气,感知天气冷暖变化。大 7 班的幼儿他们的记录内容很详细,他们会把什么天气适合穿什么衣服、做什么事情认真地画下来。"

周晶:"大 3 班的孩子能对一周的温度进行统计,这样可以更加直观地感受温度的变化。大 9 班的天气记录内容很详细,孩子们记录今日天气,知道不同天气的记录方式,感知天气的变化。通过记录本我们可以一眼看出一周的温度变化。他们还记录了来园路上动植物的变化。"

现场研讨幼儿天气记录(一)　　　　现场研讨幼儿天气记录(二)

三、思维碰撞,交流想法

主持人:"请老师们根据刚才观察到的现象以及自己的经验,表达一下自己的想法和反思。"

袁丽丽:"幼儿根据天气变化,选择相应的图示表示当天的天气。教师将幼儿的天气记录装订成册,(这样)非常好。如果能写上幼儿的姓名,方便以后回忆那就更好了。"

丁路易:"幼儿能根据天气的变化自制图标,(这样)非常好。在天气记录中,如果我们能为幼儿提供绘画天气图标的卡纸,那么幼儿的自主性就更加强了。在记录天气时,我们能看到孩子们用不同的方式在记录自己所感受到的天气变化。老师还组织幼儿开展'天气记录我最棒'投票活动,让大家为天气记录丰富、讲述完整、观察仔细的幼儿投票。若幼儿能用绘画的形式表达对天气的不同理解,那就更好了。"

……

四、案例分享,经验介绍

主持人:"在生活活动组织的过程中,很多老师也会有一些经验和想法,和大家分享一下吧。"

陈老师分享小班天气记录案例:

"do":观察→直观叙述。起初,孩子们只是直观地记录,今天是晴天(画一个太阳),或是雨天(画一些雨点,或者是黑压压的天)。

"re":思考→"博士爷爷来帮忙",透过现象看本质。随着不断的记录与每天的分享交流,孩子们开始探寻"为什么今天是雨天/晴天……呢?"。带着这个问题,孩子们开始慢慢地尝试透过现象来思考天气的成因与本质。班级随之开展了一场"小小讨论会",通过"经验互换"与博士爷爷的解答,一张张简简单单的天气记录纸也变得不简单起来。涵涵说:"今天有一朵大大的云把太阳公公的亮晶晶挡住了,天不亮了,所以我不太喜欢,我喜欢太阳。"——对阴天的思考。思思说:"雨宝宝太重了,云哥哥拖不动它们,就哗啦啦地下雨了。"——对雨天的记述。小雨说:"今天天气真好,太阳光是五颜六色的,照得花儿也是五颜六色的。"——对晴天的愿景……孩子们用质朴的语言表述着他们的想象,让实际上很复杂和有些小枯燥的科学现象也变得富有童趣起来。

"mi":经验→带上心情出发。小班幼儿的学习以获得直接经验为主。思考如何使幼儿的直接经验与生活经验相结合来发展幼儿水平,成了这一阶段的尝试目标。我们鼓励幼儿大胆尝试,将直接经验与自己的生活经验相结合,促进与发展各方面能力。这个时期也产生了许多别样的画作。瑶瑶说:"今天天气很好,我很开心,坐着汽车来上学了。"涵涵说:"今天阴天,我和好朋友玩绳子,我们都不太开心。"小锦说:"小乌龟缩在壳里了。"(想象一下雨天小动物的感受)……

"fa":想象→"晨会分享",童话大王诞生记。在一天的天气记录中,琪琪是这样说的:"今天天气真好呀,两只小老鼠在踢球,它们很开心。"旁边的瑶瑶接了一句:"你的小老鼠好漂亮呀。"琪琪头一扬,说道:"对呀,因为是晴天,太阳公公照得小老鼠有很多的颜色。"受了琪琪的启发,童话宝盒就此被打开。孩子们发散思维,想象的画面变得具象。直观经验,加上科学道理,加上一点生活经验,调出了风味百态。一张张大作诞生:今天天气真好,猪妈妈带着猪宝宝一起上学,我也上幼儿园……

"sol":升华→再思考? 可以走到哪里去? 走进语言区,走进自然角……我们在路上。

幼儿对太阳的表征(一)

幼儿对太阳的表征(二)

主持人:"对于任何一个环境、一个活动,我们一定要去思考它对孩子有什么样的价值和意义。老师们分享的时候眼中带着光,说明我们真的是走进了幼儿的世界,并且老师们也在这样一个过程中成长着、享受着。孩子的观察需要教师的引导,孩子的思考需要教师去引发,他们的深度学习需要教师的支持。'自由'不是'闲荡','放手'不等于'放任'!"

五、分组讨论,提炼策略

主持人:"接下来,我们教师分小、中、大三组进行讨论,大家针对自己的班级和幼儿相对应的年龄特点评述自己班的天气记录环境及指导活动过程。"

策略一:提供宽松的语言环境。

"根据小班的年龄特点和《指南》关键经验,在进行天气记录时教师要给小朋友提供宽松的语言环境,让小朋友想说,敢说! 提问中,教师引导式地与幼儿沟通,比如问:'天气冷了你会怎么样呢? 衣服有没有变化呢? 对我们的游戏有什么影响呢? 周围的树木花草有什么不一样呢?'教师提出众多问题让幼儿去观察发现并鼓励幼儿进行表达,促进幼儿深度学习。教师认真记录幼儿说的话并及时表扬。"

策略二:了解天气与动物、植物的关系。

"孩子们可以根据天气情况讨论自己适合穿多少衣服,并把它画下来,也可以讨论一下这个温度下的植物是什么样的。"

主持人:"让我们一起蹲下身子,向孩子学习,发现游戏中的价值,支持孩子的游戏。相信孩子们一定会有更多的收获,并能更好地成长。"

六、活动小结

从《指南》到课程游戏化精神的落实,再到课程改革第一步、第二步支架的下发,这些都在强调要重视生活活动的教育价值。本次园本教研以来园活动为切入点,基于教师对生活活动组织的困惑,通过现场观摩、交流想法、案例分享、提炼策略等多种形式进行研讨。作为教师,需要细致观察、认真捕捉一日生活中的学习生长点,在情感、行动上支持幼儿,在解决问题的过程中促进幼儿的整体发展。

◆ 第二次教研:链接关键经验,让幼儿的学习看得见——幼儿来园活动的探索和研究

活动目标

(1)更新理念,深入研讨第二步支架——生活活动,链接关键经验,促进幼儿的深度学习。

(2)通过理论共温、经验分享、分组讨论等方式,根据幼儿年龄特点,探讨幼儿园来园活动的组织指导策略。

活动人员

南丰幼儿园全体教师

活动时间

2020 年 11 月 10 日

活动过程

一、寻找典型问题

主持人:"今天我们就课程游戏化第二步支架的第四块内容——生活活动展开讨论。生活活动是指满足幼儿基本生活需要的活动,它主要包括进餐活动、睡眠活动、盥洗活动、排泄活动、整理习惯和作息习惯等。我们一日活动中的生活活动主要有来园签到、自然角观察、天气记录、自主餐点、盥洗、饮水、散步、午休、离园等。前期,我们对于教师们生活活动组织中的问题和困惑做了一个小调查,也进行了整理,一共搜集到 78 个生活活动组织中的问题和困惑。其中有 19.23% 的问题涉及了自然角观察,14.11% 的问题涉及了天气记录,还有部分问题涉及了自主签到。"

二、提炼关键经验

主持人:"前期,我们分年级组针对来园活动中的自然角观察、天气记录、自主签到开展了小教研活动。活动中,教师们罗列了这些活动的关键经验。那么现在有请每个组分年龄段来介绍一下这三个活动中的关键经验。"

天气记录关键经验

内容	年龄段		
	小班	中班	大班
关键经验	1.亲近自然,喜欢探究。喜欢接触大自然,对周围的很多事物和现象感兴趣。 2.具有初步的探究能力。能用图画或其他符号进行记录。 3.在探究中认识周围事物和现象,能感知和体验天气对自己的生活和活动的影响。 4.喜欢用涂涂画画表达一定的意义,愿意表达自己的需要和想法,必要时配上手势和动作。 5.能用多种感官和动作去探索物体,关注动作所产生的结果。 6.能感知和体验天气对自己生活和活动的影响。 7.能注意物体的形状等较明显的特征,并能用自己的语言描述	1.愿意与人交谈,喜欢谈论自己感兴趣的话题。 2.能基本完整地讲述自己的所见所闻。 3.对生活中常见的标识、符号感兴趣,知道他们表示一定的意义。 4.能感知和发现不同季节的特点,体验季节对动植物和人的影响。 5.愿意用图画和符号表达自己的愿望和想法。 6.能感知物体的形体结构特征,画出该物体的造型。 7.初步学习在画面上安排物体的上下左右关系	1.能自主观察统计气温,能用图表表示天气。 2.愿意与他人讨论问题,敢在众人面前大声说话。会说普通话,发音正确、清晰。 3.在探究具体事物和解决实际问题的过程中尝试发现事物间的异同和联系的过程。 4.在对自然事物的探究过程中获得丰富的感性经验,充分发挥形象思维。 5.幼儿能在探究中思考,尝试进行简单的天气推理和分析。 6.幼儿能在接触自然、生活事物和现象中积累直接生活经验。 7.发现并了解周围环境,感知人与环境的关系

自然角活动关键经验

内容	年龄段		
	小班	中班	大班
关键经验	1.认识常见的动植物,能感知物体的大小、高矮等方面的特点,并能用相应的词语来描述。能通过对应的方法比较两组物体。 2.喜欢接触大自然,对周围的很多事物和现象感兴趣。对感兴趣的事物能仔细观察,能注意物体较明显的形状特征,并能用自己的语言描述发现的明显特征。 3.能用笔大胆地作画,用线条和简单形状来表现日常生活中熟悉的、简单物体的轮廓特征。喜欢用涂涂画画表达一定的意义,画出自己想画的事物	1.能对事物和现象进行观察比较,发现其相同之处与不同之处。 2.经常用绘画等多种方式表现自己的所见所想。 3.喜欢观察和种植活动,感知其生长中的渐变过程,在比较中认知植物的多样性。 4.能用图画或其他符号进行记录。 5.饲养小动物,探究其外形特征、结构、功能及食性、繁殖条件、居住的环境,感知动物的生长变化过程,对小动物有亲近感	1.能对周围的事物、现象感兴趣,有好奇心和求知欲望。 2.能察觉到动植物的外形特征、习性与生存环境的适应关系。 3.能采取多种记录方式,能用数字、图画、图表或其他符号记录。 4.能发现并描述不同种类的动植物的特征或者某个事物前后的变化。 5.能用数字、图画、图标或其他符号进行自然角观察记录。 6.具有初步的探究能力,能通过观察、比较分析,发现并描述不同种类物体的特征或某个事物的前后变化

主持人小结:"我们可以思考这样一个问题:我们以往的教育是否低估了幼儿的学习能力,是否忽略了幼儿的自主性?通过这样一个关键经验的罗列,教师们心中一定有了更加清晰的方向。接下来,我们可以在实践中检验、审议这些关键经验是否恰当,结合我们对孩子活动的观察,再次对这些关键经验做出相应的调整。"

三、指导策略研讨

主持人:"对照这些关键经验,幼儿的活动有哪些有效的指导策略?我们又该如何帮助幼儿进一步提升经验呢?接下来我们按照年级分成小、中、大三大组,分别对自然角观察、天气记录、自主签到等活动进行研讨。我们可以将研讨的内容用个性化的方式展现出来,可以用图文结合的形式,也可以用思维导图的形式,还可以用图表的形式等。"

袁艺:"环境的支持:依据幼儿兴趣,打造适宜探索的环境。结合幼儿已有经验,进行适宜的指导:帮助幼儿概括、采集问题和事件。不轻易否定幼儿的假设和猜想。语言引导,鼓励幼儿大胆猜测和讲述。还要为幼儿积累各种植物、动物的知识。结合户外游戏(种植区、探索区等)拓展活动内容和形式。结合年龄段特点和发展水平选择不同方法指导幼儿记录。"

主持人:"大班老师从环境支持和语言引导出发对自然角观察进行了分析,让我们在以后的自然角观察中更加明确该如何支持幼儿深入观察。接下来请中班教师分享来园自主签到的指导策略。"

周丽娜:"环境支持:运用排列的顺序,感受数字的乐趣。教师根据作息时间安排,让孩子把自己的学号卡贴到相应时间段内。教师指导:根据实际签到情况,用不同形式(晨谈、集体等)帮助他们掌握规律。在区域中投放相应材料,帮助幼儿巩固签到方式(比如排序、点数匹配、色彩对应、小动作的发展等),尊重个体差异,提供有针对性的指导帮助。教师根据幼儿的年龄特点和发展情况,逐渐提高幼儿的签到水平。"

顾珏:"创设环境:教师提供充足的材料,如温度计、日历、日期天气插牌等,记录可叠加展示。幼儿与幼儿、幼儿与家长、幼儿与教师之间进行交谈。提供宽松的语言环境:引导幼儿去观察衣服、来园方式、路面(周围花草树木、路面干湿、路况)等的变化。思考天气对生活的影响(游戏、出行方式)。用线条、色彩、图形等方式进行表征,丰富表达方式。"

教师积极研讨并记录

教师交流自己的想法

四、活动小结

通过今天的研讨,我们认识到:自然角观察、天气记录、自主签到不仅仅是作为一种形式存在,我们应该通过这些活动看到儿童具备的能力。同时,我们也应该了解到小、中、大班的孩子们能力是不一样的,教师要充分认识不同年龄阶段儿童的特点,去观察、研究儿童,给予儿童年龄范围内充分的主动权,要时刻思考应该提供怎样的环境、材料和策略去帮助幼儿不断提升经验。通过今天的研讨活动,我们要重新审视环境,为儿童提供适当的支持,充分地挖掘来园活动的教育价值。

五、我们的收获与思考

围绕幼儿园生活活动的组织,通过现场观摩、交流发现、思维碰撞、提炼策略、案例分享、提炼经验等方式,我们开展了持续性跟踪式的教研活动,探讨了生活活动中的环境支持、材料提供以及教师支持策略等内容。

1.问题式的观摩——让研讨更具针对性

以解决实践中教师们的问题为目标,从幼儿的表现、教师的疑惑等层面搜集各类典型问题,并进行梳理、归纳和提炼,形成有研讨价值的教研问题和内容,再进行探讨和研究。通过本主题的教研活动,教师们对生活活动的组织有了更加深入的认识,更加清晰地知道了生活活动的教育价值。我们从环境的创设、材料的提供、教师的支持等多个方面进行研讨和剖析,解决了一部分问题和困惑。

2.思辨式的研讨——让思维更加灵活

在思维的碰撞过程中,教师们也成了勤思考、爱创新、敢尝试的主动的学习者和分享者。在思辨中,教师们达成了一定的共识,将理论、实践与效果相联系,通过交流、思考、分析,逐步理清思路,找出核心问题,学会在实践中以发展、审视的眼光看待自己的教育行为,明确儿童的学习方式、学习特点、学习过程,辨析自己指导,助推行为的适宜性和有效性。

3.推动性的案例——让"一朵云"推动"另一朵云"

以教师在教育实践中的案例作为教研的内容,教师共同分析,解读案例,发表自己的看法,提出自己的观点。案例剖析是自我梳理和反思的过程,也是推动同伴共同学习的过程。

4.支持性的提炼——为教师的指导提供鹰架

教师的专业能力受年龄、工作时间、工作经验的影响,因而参差不齐。幼儿的游戏需要鹰架,同样,教师的指导也需要一些支撑。在教研活动的过程中,我们会结合理念,将教师们的思考、经验以及实践的成果进行梳理,形成指导策略,给教师们提供一些参考和帮助,让教师们的支持更加适宜。当然,形成的一些经验性的策略也需要在实践中被再次检验,最终找到最适合本班孩子的支持策略。

（此案例由陈小燕老师整理）

第五节 园本教研策略

幼儿园园本教研是以教师的任职单位为基本培训单位,以提高教师专业素质为主要目标,通过教育教学实践和教育科研活动等多种形式对全体教师实行全园性继续教育的培训。促进每一个教师的发展是幼儿园赖以生存和发展的根本,也是倡导以教师发展为本的主要理念的体现。为促进教师的发展,提高教学、业务研究、教科研水平和落实新的教学理念,我们开展了多种形式的园本培训。为了提高园本教研的实效性,本园尝试了以下几种策略。

一、抛砖引玉式策略

为了充分发挥专家的引领和示范作用,本园成立专门的专家指导团队,邀请各专业培训经验丰富的专家来园指导。园部将提供专业引领清单,采取专题讲座、课堂评议、现场解答、个案研讨、现场咨询等多种形式实现专业引领,借助现代教育媒体和网络资源,与教师共同完成相应的培训任务。比如,我们邀请了教科教研室的老师来园讲座,讲"论语中的教育智慧"。解读《论语》经典句子中的教育智慧,并结合了许多日常教学中的例子,让《论语》中深奥的喻义变得浅显易懂,进一步规范了教师的教育行为,更新了教师的教育观念,为教师开启了一扇教育的智慧之门。为了提高教师的科研能力,让教师学会用正确的科研方法开展课题研究,本园特地邀请了苏州市教育科学研究院戈柔老师来园做讲座。戈柔老师从观察的实施、观察的注意事项、观察记录等方面展开讲述,结合了很多实例,讲座内容操作性强。她为教师在课题研究中如何运用观察法提供了明确的方向。以小引大,以小换大,以小抵大,本园充分发挥专家的引领和示范作用,促进教师的专业能力提升。

二、反客为主式策略

一位教育名人说过:"教师每天都在塑造着自己和他人。"在幼儿园,每位教师都有自己的特长。为了充分发挥每一位教师的特长以及聪明才智,我们以"申报制"的形式,通过教师们的积极申报,让教师把自己的专长、技能和大家传授分享。我们通过教师之间互相交流、切磋探讨、平等对话的方式进行合作式学习,以达到共同提高、共谋发展的目的。比如,我们让擅长写作的教师给我们进行论文撰写与投稿技巧的培训,让擅长沙画的教师给我们进行沙画培训,让骨干教师进行说课培训等。不同的培训教师、不同的培训内容、自下而上的培训方式,使受培训的教师学得更轻松,更易于接受。担任培训者的教师也充分发挥自己的特长。教师自己当专家,让教师自己成为培训的主人。

三、趁热打铁式策略

以往的园本培训往往是园部安排什么培训,教师就接受什么培训,因而教师始终处于被动接受的状态。为了了解教师们真正的需要,首先,本园进行了教师培训需求问卷调查,了解教师真正需要哪方面的培训。通过调查我们发现,很多教师在教育教学论文撰写及投稿的技巧、游戏的观察与指导等方面提出了培训要求。我们根据教师们的要求安排了相应的园本培训,让教师们的需求成为园本培训的落脚点。其次,为了使培训达到解决问题、发展提高的目的,我们突出了培训的即时性,即发现问题随时培训、随时解决,不积压问题。如新学期初,各班教师需进行班级环境创设,我们就在新学期备课班安排"如何进行班级环境及区角创设"的培训;当教师们在进行早期阅读与绘本教学时,很多教师不知道活动如何开展,我们便请研究早期阅读的专家与教师来园和我们教师一起进行早期阅读与绘本教学的探讨。这种"趁热打铁"式的园本培训起到了事半功倍的效果。

四、多元全景式策略

在以往的园本培训中,我们发现,园本培训往往只注重教师的专业技能和业务能力。"国运兴衰,系于教育。教育振兴,教师当先。"园本培训仅仅对教师进行专业技能和业务能力的培训是不够的,我们还要对教师进行多方面的培训。我们开展了"从《红楼梦》说起——谈中国古典文学""中外名画赏析""教师的心理与健康""空间与园艺""色彩与服装""戏曲艺术""教学艺术探讨"等园本培训,从而提高了教师的专业、文化、心理等多方面的素养。很多人都知道"木桶理论",它是指:一只木桶的容水量,不取决于构成木桶的最长的那块木板,而取决于最短的那块木板。那如果把一个人各方面的能力比作木桶上的每一块板,要提高一个人的整体素质,我们就必须提高他各方面的能力,让每一块木板都尽可能长,这样装的水才能足够多。因此,园本培训除了要对教师的教学水平、教学技能等方面进行培训,更要对教师的文学修养、艺术熏陶、审美能力等多方面进行培训,提高教师个人素养,从而提高教师团队整体素质。

我们通过以上几个培训策略,大大提高了园本培训的实用性。教师培训是一个系统工程,需要我们不断努力、不断探索园本培训的新举措,塑造一支高素质的教师队伍,让教师们立足于教育改革的前沿,担负起教师的神圣使命。

第六章 家长成为课程同行者

幼儿的成长离不开家长的陪伴,《纲要》中指出:家庭是幼儿园重要的合作伙伴。幼儿园各项工作的有效开展,离不开家长的理解、支持和配合。幼儿园课程园本化的过程也离不开家园共育。中华女子学院附属幼儿园胡华园长曾说过:"幼儿园的课程一定要有让家长产生'内应'的东西,才能让孩子们吸收! 家长提升了,觉悟了,才能带给孩子高质量的陪伴。""安吉游戏"之所以能够有效推进,与安吉的幼儿园一直致力于争取家长成为共同保护游戏权利的同盟军、建立良好的家园合作共育关系是分不开的。所以,课程园本化的实施与开展,同样需要家长成为课程同行者。

第一节　家园共育的问题

张家港市南丰镇有"全国千强镇""国家卫生镇""国家园林小城镇"等荣誉称号;有苏南地区面积最大、人口最多、综合实力最强、被誉为"华夏第一钢村"的永联村。本园作为南丰镇上一所乡镇幼儿园,园内新市民幼儿占53％,几乎有一半以上的家长都来自其他省市。幼儿父母大专以上学历的约占40％,60％左右的家长都是中专、初中或小学学历。通过我们的调查分析,目前家长在参与课程建设时主要存在如下一些问题。

一、有放任、有溺爱

本园幼儿的父母大多在本镇企业上班,大部分是90后,且大多是独生子女,由于忙于工作,把带孩子的任务全部推给自己的父母。很多孩子的生活起居都是由爷爷奶奶照料。经调查,有35％以上的孩子跟爷爷奶奶相处的时间比较多,平时来园接送也是祖辈居多,父母对孩子常常放任不管。这些祖辈们全身心地照顾着孩子们,对孩子们几乎是言听计从。他们比较关心:孩子在幼儿园吃的是什么? 有没有吃饱? 睡得怎么样? 有没有被其他小朋友欺负？对于孩子在幼儿园学了什么、发展了什么能力，他们则关心得较少。

二、期望高、理念差

有一些年轻的父母，他们很重视孩子的教育，但往往受到各类"教育鸡汤"的影响，自认为自己的教育方式、教育行为非常正确。还有些家长教育观念比较陈旧，觉得把孩子送到幼儿园，就是要孩子学儿歌、古诗、加减运算。很多家长认为只有集体教学活动才是上课，孩子才能学到东西。有的家长认为幼儿园什么都不教，整天让孩子玩游戏，孩子们是学不到什么的。经调查，本园20%幼儿的母亲是家庭主妇，所以她们有充分的时间和精力关注孩子，对孩子教育期望也很高，但她们大部分文化程度较低，对幼儿园以游戏为主的教育理念很不理解。

三、不支持、不配合

教师组织幼儿进行游戏活动时，需要大量低结构的、生活化的材料，这些材料需要家长配合搜集，但大多情况是：有的家长因为工作忙没有关注；有的家长因家里有两个或两个以上的孩子而没精力关注；有的家长关注了但很敷衍；有的家长不重视，认为这种材料的搜集浪费了他们的时间精力；有的家长配合工作时，不理解搜集材料的意义，只将其当成一种任务在执行。

四、不理解、少沟通

因为课程的需要，教师常常会让家长配合孩子一起做一些主题小调查、搜集一些材料、开展一些亲子小活动等。很多时候，家长不理解教师的做法，教师布置什么家长就去执行什么。很多时候，本应是家长陪伴孩子一起完成的事情，变成家长直接包办代替，这些家长根本不明白配合的意义。其实，教师要做的是让更多家长了解，他们的配合会给孩子带来哪些方面的成长，而不是让家校双方之间存在一种"小事不沟通、大事才沟通""没事不沟通、出事才沟通"的互动模式。

第二节　上好入园第一课

人们常说第一印象很重要,因为别人对你的第一印象可能会保留很长一段时间,这也被称为第一印象效应。所以,对于每年的小班新生家长会,我们都会非常重视。对于家长来说,这是他们第一次把孩子送到幼儿园。幼儿园对于家长和孩子来说就像一个未知的迷宫,家长对幼儿园的一日活动以及幼儿在幼儿园如何生活、学习是一无所知的,所以很多家长是焦虑的、恐慌的。开好第一次家长会、给家长上好第一课非常重要,这能帮助家长们从幼儿入园的第一天起就树立一个正确的育儿观。

一、让家长了解我们的课程

在每年的新生家长会上,我们除了向家长介绍幼儿园的办园理念、一流硬件、精良师资、办园特色以及办学成果,还会给家长们重点介绍一下幼儿园课程,并且告诉家长幼儿园真正的内在实力主要体现在其课程上。通过对课程的介绍,我们让家长知道,孩子在幼儿园不仅仅是念儿歌、唱歌和吃玩睡。

我和家长们分享过诺贝尔奖获得者接受采访的故事。故事内容大致是:1987 年,75 位诺贝尔奖获得者在巴黎集会。有人问一位获奖者"您在哪所学校、哪个实验室学到了您认为最有价值的东西?"出人意料的是,这位学者回答说是在幼儿园。又有人问"在幼儿园能学到什么呢?"学者答,"把自己的东西分一半给小伙伴;不是自己的东西不要拿;东西要放整齐;吃饭前要洗手;做错了事要表示歉意;午饭后要休息;要仔细观察大自然。从根本上我学到的东西就是这些"。

通过这个故事,我告诉家长:幼儿园教育孩子"把自己的东西分一半给小伙伴",是教育孩子要学会分享,分享是大视野、大格局的最初体现和最终保障;幼儿园教师告诉孩子"不是自己的东西不要拿",是教育孩子要学会克制,摒弃贪欲,分清他人与我的界限,建立私有财产不能侵犯的概念;幼儿园要求孩子把东西放整齐,是要孩子学会归纳、收拾和整理,学会整理自己的物品,慢慢就能学会整理自己的思想,整理自己的人生;幼儿园要培养幼儿良好的生活卫生习惯,"吃饭前要洗手"不仅是为了让孩子保持健康,还是为了让孩子抱有对食物的敬畏之心;"做错了事要表示歉意",就是告诉孩子,人不可能不犯错,能原谅不等于不用道歉,道歉表明意识到自己的错误,这是改正和进步的前提;"午饭后要休息",是告诉孩子要遵循身体的规律,这是健康之道,也是高品质学习的前提;"要仔细观察大自然"是因为大自然蕴藏着关于生命的全部奥妙,自然与人性密切相通,既能激发孩子的兴趣和热情,又可以给孩子埋下感悟人生、珍爱生命的种子,让孩子有无穷的发展可能性!通过这样的解读,我们让家长充分意识到上幼儿园对于幼儿成长的意义。

二、让家长了解孩子的学习

家长们受传统观念影响,认为幼儿园教师教孩子,就是教师说、孩子听,很多家长并不了解孩子是如何真正学习的。幼儿园教师上课和中小学教师上课是不一样的,幼儿园以游戏为基本活动。为了帮助家长了解孩子的学习特点,我带领家长一起欣赏绘本《鱼就是鱼》,让家长们了解孩子的学习特点和我们大人是不一样的,我们大人很大程度上是通过间接经验学习的,幼儿则是通过直接感知、亲身体验、实际操作来学习的。所以幼儿园的教育和小学初中的不一样,小学初中的孩子们比较多的是听教师们讲,幼儿园的教育更多的是带着孩子们去看、闻、体验。这和他们的学习特点有关,因为他们是通过自己去实际操作和亲身体验来获取经验的。所以,幼儿园要为孩子们提供足够多的材料,让幼儿操作摆弄。幼儿园要创设适宜的户外游戏环境,让幼儿在大自然中主动探索、自主学习,更让家长们明确幼儿园以游戏为基本活动的原因。游戏就是孩子的学习方式,因为游戏符合孩子的学习和认知特点。

三、让家长给孩子适宜的爱

中国的家长喝的教育"鸡汤"比较多,比如虎爸、虎妈、赏识教育、给孩子无限制的自由。但很多家长却不知道规则和自由同样重要,就像自行车的两个轮子,只有保持一定的平衡,才能向前走。因此我给家长讲"渔夫捕鱼"的故事:

有个渔人有着一流的捕鱼技术,被人们尊称为"渔王"。然而"渔王"年老的时候非常苦恼,因为他的三个儿子的捕鱼技术都很平庸。于是他经常向人诉说心中的苦恼:"我真不明白,我捕鱼的技术这么好,为什么我的儿子们技术这么差?我从他们懂事起就传授捕鱼技术给他们,从最基本的东西教起,告诉他们怎样织网最容易捕捉到鱼,怎样划船最不会惊动鱼,怎样下网最容易请鱼入瓮。等他们长大了,我又教他们怎样识潮汐、辨鱼汛……凡是我长年累月辛辛苦苦总结出来的经验,我都毫无保留地传授给了他们,可他们的捕鱼技术竟然赶不上技术比我差的渔民的儿子！"

一位路人听了他的诉说后，问："你一直手把手地教他们吗？"

渔父："是的，为了让他们得到一流的捕鱼技术，我教得很仔细很耐心。"

路人："他们一直跟随着你吗？"

渔父："是的，为了让他们少走弯路，我一直让他们跟着我学。"

路人说："这样说来，你的错误就很明显了。你只传授给了他们技术，却没传授给他们教训，对于才能来说，没有教训与没有经验一样，都不能使人成大器！"

通过这个故事我告诉家长：我们要给孩子足够的爱，而不是帮孩子包办所有，当家长把孩子成长过程中应有的经历都剥夺了，孩子就没有了成长的机会，失去了成长的教训与经验。

四、让家长陪伴孩子的成长

现在有很大一部分的年轻家长们，他们把孩子扔给老人，每天下班回来宁可玩手机、打游戏，也不愿意陪伴孩子。我告诉家长：孩子的成长是单线条的，是不可复制的，请珍惜每一次和孩子相处的机会。我们幼儿园会为家长们搭建很多亲子活动的平台，也希望家长们一起参与和见证孩子的成长！放下手机，多陪陪孩子，特别是年轻的爸爸妈妈们！尽量自己参加幼儿园的活动，不要再让你的父母来包办你的事情。相信90后的家长有自己的担当。

第三节　家长成为同行者

家长是幼儿园重要的合作伙伴，他们是我们的支持者、合作者，是我们教学活动中的重要课程资源。有了家长的支持、配合，幼儿园的各项工作才能保质保量地开展。所以，幼儿的成长、幼儿园的发展，需要家园共同携手创造。本园开展家园活动的主要方式有以下几种。

一、丰富家长进课堂的形式

家长的职业、阅历、特长对幼儿园来说都是丰富的教育资源。我们经常会邀请家长来园当助教，丰富课程的内容，拓展课程的形式。如进行种植游戏时，我们邀请了一些有种植经验的奶奶们，来给孩子们讲述哪类种子适合播种，并现场演示播种的步骤，给孩子们上了生动的一课。进行骑行游戏时，我们邀请交警爸爸给孩子们讲述交通规则，带领孩子们学习指挥手势。

开展"白白的牙齿"活动时,我们邀请牙医妈妈来园给孩子们讲如何保护牙齿。随着课程游戏化的推进,有时家长也会对我们的活动不理解、不配合。为进一步转变家长的观念,让他们更好地支持幼儿园的活动,我们除了让家长进课堂"当助教",有时也会让他们来幼儿园体验当"孩子"。通过这种体验,我们让家长理解幼儿园的活动。我们还为家长提供纸杯、报纸、扑克牌等废旧材料,组织家长积极参与游戏,探索纸杯、报纸、扑克牌的多种玩法,让家长们在游戏过程中知道一种材料能有很多玩法,游戏能提升孩子的思维能力、创造能力和探索能力等。通过这些体验活动让家长们理解环境、材料对孩子成长和发展的意义,从而激励家长们更积极地参与材料的搜集。

[案例] "资源搜集,让游戏更具价值"家长研讨活动

活动意图

(1)更新家长的观念,让家长了解游戏是幼儿基本的学习方式。

(2)让家长知道游戏对幼儿发展的重要性,配合学校搜集游戏材料。

活动过程

一、谈话活动,了解游戏是孩子基本的学习方式

教师:"家长朋友们,平时你们的孩子是通过哪些方式来学习的?"

家长1:"我给孩子买了一些书,我会给他讲,他也会自己翻着看一遍,讲里面的内容。"

家长2:"我是在手机上下载了一些APP,让孩子听听故事,学学英语。"

教师:"孩子平时在家里是通过陪伴式、自主式等的方式来学习的,那你们了解孩子在幼儿园的学习方式吗?"

家长1:"应该是上课吧,孩子每天回来都会跟我们说今天老师教了什么。"

家长2:"听孩子说,老师会带他们去户外玩游戏,有搭积木、画画之类的。"

教师:"孩子在幼儿园里是通过集体教学活动、区域游戏、户外游戏、专用室游戏等方式来学习发展的。有没有哪些家长回家后问孩子今天老师教了什么,孩子回答你的总是他们玩了些什么?"

家长1:"是的,每次问孩子今天教了什么,他们很多时候告诉我说今天老师带他们去玩搭积木、打仗的游戏……"

家长2:"我们家的也一样,跟我说和×××去玩了沙子,发生了什么。"

教师:"可能很多家长都觉得集体教学活动才是上课,这样孩子才能学

到东西。其实3~6岁的孩子最主要的学习方式是游戏,游戏是发展思维的最好方式。所以,孩子每天回家跟你们说的都是他们印象最深的事情。在当下课程游戏化的教育背景下,我们的集体教学活动也要求用游戏化的形式去开展,因为孩子的学习方式就是在玩中学。"

家长与教师互动(一)　　　　　　家长与教师互动(二)

二、观看照片,认识游戏对孩子发展的重要性

教师:"接下来我们来观看孩子们在幼儿园玩游戏的照片,让大家了解一下孩子在幼儿园的发展情况。"

教师边播放照片边介绍游戏内容和幼儿在游戏中各项能力的发展。

教师:"刚刚看了孩子们的活动照片,请家长们谈谈你们的想法。"

家长1:"幼儿园给孩子提供了这么多的游戏项目,我觉得我家孩子在这里上学很幸福。通过照片,我了解到孩子在这些游戏活动中,语言能力、交际能力都在提高。"

家长2:"之前一直不知道老师让我们家长搜集各种材料有什么作用,刚才在照片里看到小朋友用锅碗瓢盆打节奏,觉得很有意思,顿时就明白老师让我们搜集各种材料的意义,感谢老师们。"

教师:"在游戏活动中,孩子的思维创造能力、动手操作能力、体能发展能力和交往表达能力等方面都得到了发展,所以说游戏对于孩子来说是多么的重要。"

户外涂鸦游戏　　　　　　　　户外沙水游戏

木工坊游戏

专用室游戏

三、游戏体验，知道材料是保证游戏质量的前提

教师："既然家长们了解了游戏活动对幼儿发展的重要性，那大家知道保证游戏质量的前提是什么吗？"

家长1："应该是老师要提前做好开展游戏的准备。"

家长2："我觉得应该是让孩子提前计划好怎么去玩这些游戏。"

教师："保证游戏质量的前提是要给孩子准备好充足的游戏材料，这样才能满足孩子在游戏中的需求。家长是保证孩子顺利进行游戏活动的一大资源，因为很多生活化的、本土化的游戏材料是需要家长帮忙一起搜集的。有了充足的游戏材料，班级开展各项游戏活动才会更有质量，孩子在游戏中才能得到更大的发展。"

教师："为了让家长们更清楚地了解材料对孩子的成长有多么重要的作用，下面请大家一起玩一个游戏。例如这些纸杯，你觉得孩子拿到纸杯后会有哪些玩法呢？"

家长1："孩子可能会拿纸杯叠高。"

家长2："孩子会用纸杯做纸杯电话。"

教师："家长们猜了很多孩子玩纸杯的方法。我们都是长大了的儿童，今天就让家长们回到童年时代，一起来当一回孩子，分组来探索纸杯、扑克牌、瓶盖的玩法，并把你们发现的玩法一一记录下来。"

家长分组体验游戏，每组家长代表发言。

家长1："我们玩的是纸杯，想出了3种玩法，叠高、纸杯电话、纸杯花。"

家长2："我们玩的是纸牌，想出了5种玩法，认数字、比大小、按大小排序、叠高、找相邻数。"

家长3："我们玩的是瓶盖，想出了4种玩法，可以按颜色分类排序、滚着玩、叠高、在瓶盖上写数字可以做成时钟。"

教师："一种材料就能激发出大家的创造力，可想而知，如果给孩子们提供更多的材料，孩子们的思维能力、创造能力在游戏中会得到很大提高。所以,为了孩子更好地成长,请家长朋友们和我们老师一起,共同为孩子搜集更多的材料,让孩子的游戏开展更具价值。"

家长体验纸牌游戏　　　　　　　家长的纸牌游戏成果展示

四、倡导搜集,谈谈生活中可以为游戏所用的材料

教师:"那么生活中的哪些资源、材料能投放到幼儿的各项游戏活动中呢?"

家长1:"我们单位有一些报废的小纸筒,可以放到教室里。孩子们在上面涂色、叠高都可以,也算是变废为宝。"

家长2:"我爸爸会做风筝,如果学校有需要,可以让我爸爸到学校来教孩子做风筝。"

……

教师:"感谢家长们对我们工作的理解与支持,让我们一起为了孩子的成长贡献自己的一分力量与智慧。相信有了家长们的鼎力配合,我们家园携手,可以让孩子的童年更精彩,让孩子实现全面发展。"

五、我们的收获

1. 转变了家长的育儿观念

一开始,家长认为孩子的学习方式是老师教、孩子学或是家长说、孩子听。沙龙研讨活动后,家长们了解到,孩子最有效的学习方式就是游戏。通过直接感知、实际操作、亲身体验的方式,孩子在玩中学、学中乐,在轻松愉悦的氛围中学习、成长。

2. 家长理解游戏对孩子成长的重要性

我们从和家长的交流中发现,有的家长对孩子在幼儿园大部分的游戏活动表示不理解,认为孩子每天回家说不出教师教了什么,觉得他们在幼儿园学习的知识内容不多。这些家长在活动中观看了孩子在园的游戏照片,聆听了教师对照片的解读,发现原来孩子在游戏过程中交往能力、语言表达能力、探索思考能力等都在不断地发展。孩子的全面发展比片面的知识学习更重要,游戏活动对孩子的能力发展起着重要促进的作用。

3.增强了家长资源搜集的意识

我们通过现场游戏体验的形式,让家长认识到有质量的游戏需要充足的游戏材料,游戏材料的搜集需要广大家长的支持和配合。我们引导家长用孩子的视角思考问题、解决问题,转变了家长以成人的眼光看待孩子的观念,树立以孩子为主体的教育观念,促使学校和家庭共同配合,协同支持孩子健康快乐成长。

(此案例由周岭老师提供)

二、调整家长开放日活动安排

家长开放日活动是幼儿园开展的面向家长的一项活动,主要是邀请幼儿家长来园观摩孩子在园的生活学习活动,一般有早操观摩、教学活动观摩和餐点观摩等。这个活动让家长了解自己孩子的在园表现,了解教师的教学水平,提升家园沟通的效率。本园一般每学期都会举办 1～2 次家长开放日活动。因为家长们特别关注自己的孩子在课堂上的表现,所以以往的家长开放日活动一般是向家长开放集体活动,家长们经常会以自己的孩子有没有举手发言来片面地评价孩子。为了让家长了解游戏活动是幼儿园的基本活动,认识到孩子的游戏不只是玩,了解游戏在童年中的意义,我们调整了家长开放日活动的形式。我们把幼儿园的室内游戏和户外游戏展示给家长,并下发家长游戏观察表,让家长对比观察表近距离观察孩子的交往能力、合作能力、表达能力和创造能力的发展,观察教师如何有效支持和回应幼儿。

─[案例] **"游戏点亮童年"家长开放日研讨活动**

活动意图

(1)引导家长观察幼儿游戏,让家长理解游戏对幼儿发展的重要性,引导家长关注幼儿全面发展。

(2)转变家长育儿理念与方式,促使家长更好地配合幼儿园的各项工作。

活动过程

一、谈话活动,了解游戏中幼儿的发展

教师:"在幼儿园,游戏是孩子最重要的学习方式,孩子在'做中学''玩中学',他们究竟能学到什么呢?"

家长 1:"在游戏中,孩子和同伴一起商量、合作去做事情,交往能力会有提高。"

家长2:"让孩子去记很多枯燥的知识,他们是记不住的,但用玩游戏的方法他们就能很容易记住知识,所以孩子在玩游戏时会学到新的本领。"

教师:"在课程游戏化理念的引领下,国家倡导的'去小学化'中的'去'的到底是什么?"

家长3:"可能是不要拔苗助长吧。"

二、支持幼儿向更高水平发展,家长观摩幼儿户外游戏

教师:"今天给家长们带来了一场沉浸式的户外游戏观摩活动,请家长们手持观察表,重新'走近'孩子、'走进'孩子,带着问题、带着思考,感悟游戏的价值。"

家长观察幼儿游戏(一)　　　　　家长观察幼儿游戏(二)

三、转变家长的育儿观,与家长进行沙龙研讨活动

1.观看幼儿游戏活动视频

教师:"刚才大家观摩了孩子们的户外游戏活动,我们选取了一段孩子们游戏的视频,请家长们一起看一看。大家在观察、观看孩子游戏活动时,有什么样的发现呢?游戏给孩子们带来了什么呢?"

2.家长交流讨论

家长1:"在游戏时,有些小朋友会相互合作一起玩,互相帮忙拿他们需要的东西。"

家长2:"我看到虽然孩子们是在玩,但是他们在玩的过程中也有在学习,他们在不断地尝试去搭建他们心中想要的东西,通过更换材料的方式一点点地去探索。"

家长3:"我最直观地看到的就是孩子们都很开心,没有一个孩子在玩的时候是觉得这是一种任务、负担。"

教师:"没错,每个孩子的脸上都是带着笑容的,他们的游戏都由他们自己制定规则、选择伙伴和材料,是十分自由的,这样的游戏更加适合孩子,更能帮助孩子成长。"

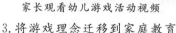

家长观看幼儿游戏活动视频　　　　　　　家长发表感受

3.将游戏理念迁移到家庭教育

教师:"家长们通过今天观察到的孩子的游戏情况,回想一下在日常的家庭教育中,有没有什么是值得你们反思的。"

家长1:"平时我和孩子在家一起玩的时候,我总会给他制定一些规则,也没有考虑到这些是否适合孩子,这也使得我在他平时玩的时候感觉不到那种开心、快乐的心情。"

家长2:"孩子平时在家很调皮,总是会突发奇想地玩一些游戏。因为我怕家里搞得太乱了,总是会制止他。现在想想不应该,至少要先问一下孩子他想做什么。"

教师总结:"确实,以上家长说到的问题都是日常生活中常见的,现在在幼儿园游戏活动中,作为教师,我们充分放手,家长们也可以尝试放手,不要给孩子过度的约束,相信孩子,给他们更多发挥的空间,不要限制了孩子的成长和发展。"

四、我们的收获

1.家长们了解了游戏对孩子发展的重要性

活动中,通过幼儿游戏活动视频、教师对图片内容的解读,家长们了解到孩子的思维创造、动手操作、体能、交往表达等方面都在游戏中得到了发展,知道了游戏对于孩子成长的重要性。

2.家长们知道要尊重孩子的意愿,支持孩子游戏

通过研讨,家长们了解到平时对孩子游戏意愿的约束是不当的,作为家长,在孩子游戏中应尊重孩子的意愿,成为幼儿游戏的支持者、合作者和参与者。支持孩子的游戏,与孩子共同参与游戏,尊重孩子的游戏权利,家园携手,共筑孩子美好的童年时光。

(此案例由周岭老师提供)

三、成立幸福家长驿站

本园于2020年9月组建了以"家庭教育"为服务范畴的"小脚丫幸福家

长驿站",以"指导、服务、聆听、尊重、共长"为理念目标,从每一个家庭的需求出发,为每一个孩子的成长助力,让每一个生命都精彩绽放。驿站充分发挥张家港市"林老师讲师团"成员和家庭教育指导师的作用,联合本园"小脚丫"先锋志愿服务队,面向家庭、社区开展父母成长课堂、亲子阅读、家庭教育现场咨询等活动,覆盖九百余户家庭、十余个社区,为本园幼儿的家庭教育服务做好引领与指导。

家长留言区

家长微课堂区

家长阅读区

亲子共享区

四、有效开展家长沙龙活动

家长沙龙是一种以家长为主体、以幼儿发展为中心、以教师及专家学者为咨询指导的活动,它的主要目的是提高家长教育素养、提升家长教育理念、转变家长传统教育观念、帮助家长解决教育问题或困惑。本园一般每月举行一次家长沙龙活动,由每班的家长代表参加。以往的家长沙龙活动往往由负责人确定主题,邀请家长参加。为了更有效地开展家长沙龙活动,我们每学期都做一次问卷调查,了解家长的问题与困惑,并对这些问题与困惑进行整理,选择一些共性问题,来确定我们每期的沙龙主题,并提前告知家长。家长可以根据沙龙主题,自主选择参加。比如,有些家长对"孩子的拖延症"感兴趣,有些家长对"隔代教育"的问题比较感兴趣,家长可以自主选择一个话题参加。这种定制式家长沙龙满足了家长的需求,也提高了家长参加活动的积极性、主动性。

──[案例] "减少拖延大家说"家长沙龙研讨活动

活动意图

(1)解决一部分家长的困扰,帮助孩子减少拖延行为。

(2)在交流互动中,尝试分析孩子拖延的原因,解决问题。

活动过程

一、热身游戏"大风吹",调动家长参与活动的积极性

游戏规则:家长根据指令进行游戏。教师说"大风吹",家长说"吹什么",教师说"吹扎辫子的妈妈",就请所有扎辫子的妈妈站起来,换一个座位坐下来。但是,换位置时不能两人重复互换座位或回到原位。因为场地缺少一个座位,所以会有一位家长找不到座位。

二、认识拖延行为

1.观看视频,初步感受拖延行为

教师:"在视频中你们看到了什么?"

家长1:"看到孩子玩手机,妈妈要求她放下手机,她在讲条件,拖延时间,不给妈妈。"

家长2:"孩子做作业的时候,一会玩玩这,一会玩玩那,没有静下心来做作业。"

教师总结:"我们可以把孩子的这种表现叫作'拖延行为'!"

2.教师和家长讨论,明确拖延的概念

教师:"什么是'拖延行为'呢?"

家长1:"做事情慢慢吞吞、拖拖拉拉的!"

家长2:"慢慢吞吞有可能是动手能力弱一些、动作熟练程度不够造成的。拖拖拉拉则可能是因为做事情的态度不够认真!"

教师总结:"我们周围有一些人不管做什么事情都干脆利落,但有一些人不管做什么事情都拖拖拉拉。动作快的人,可能是天生心灵手巧,或者工作技能娴熟;动作慢的人,可能是天生动手能力弱一些,或者比较追求完美。如果是后者,可以称其为'小蜗牛',他只是'慢',不是故意拖拉!"

家长交流

家长集体学习

3.回忆孩子在家的行为,了解孩子在家有哪些拖延行为

教师:"你的孩子有这种拖延行为吗? 他在家里是怎么拖延的? 谁来举个例子?"

家长1:"我家孩子吃饭比较拖延,大家吃完了她还没有吃好。"

家长2:"我家孩子起床很拖延,很久也不起来,还要我去拉。"

教师:"在幼儿园的拖延行为主要有:①早上来园后,有的孩子似乎不知道自己要做些什么事情。②下午起床时,有的孩子醒了还在床上不穿衣服。③操作游戏中,有的孩子不能及时完成操作卡上的任务等。"

三、分析拖延原因,找到解决办法

教师:"你觉得拖延行为有什么不好呢?"

家长1:"家长做家务拖延,影响整个家庭的生活节奏。员工工作拖延,影响生产的进度。学生做作业拖延,影响学习效果和睡眠时间。"

家长2:"生活上的拖延会导致学习、工作上的拖延。做事情拖延的人,会把这种坏习惯带到生活的方方面面!"

教师小结:"拖延行为其实不是生理的、心理的疾病,但的确是一种'坏习惯'! 假如孩子从小养成了做事情拖延的坏习惯,会影响到他长大以后做其他事情的效率。"

教师:"你们有没有想过孩子为什么会有拖延行为呢? 大家可以结合上面谈到的一些拖延现象来说说看。"

第一小组家长代表:"家长总是替孩子安排好一切。现在大部分的家长希望自己的孩子可以将所有的注意力集中于学习,所以家长会帮助孩子做好其他事情。这看似是为了让孩子有一个较好的学习环境,实际上却影响到了对孩子其他能力的培养。当孩子所有的时间都被学习占据时,他们也不会顾及其他的事情,甚至认为这些事情是简单的。"

第二小组家长代表:"主要是因为孩子缺乏专注力,所以父母也应该考虑培养孩子的专注力,让他们在做某一件事情时,集中所有的注意力,而不是随意地去探知其他事物。"

第三小组家长代表:"孩子没有时间意识,感知不了时间。"

教师总结孩子出现拖延行为的五大原因。

1.能力有限,怕面对困难

孩子的小手是很稚嫩的,他们因为手部的小肌肉群尚未发育完善,所以很难完成一些精细操作的内容。还有的孩子手眼协调能力较弱。

2.压力过大,有对抗情绪

孩子的味觉系统尚未发育完善。他们对食物的感觉跟大人的是不一样的。当大人觉得新鲜的蔬菜带给我们清新、爽口的好味道时,孩子们对于蔬菜中维生素的青涩味道会更加敏感。

3.专注力不够,很容易分心

孩子年龄越小,专注力保持的时间越短,注意的范围也比较小。假如大人要让孩子做一些需要长时间端坐着、注意力高度集中的事情,孩子就容易出现拖延行为。相对来说,在同年龄的孩子中,男孩的大脑额叶会比女孩发展更缓慢,所以他们的自控能力比女孩弱。因此,男孩的拖延行为会比女孩多一些。

4.动力不足,无明确目标

在幼儿期,孩子普遍缺乏目标意识。对于很多事情,大人认为是很有必要做的,可是孩子不知道为什么要做。有的孩子到了晚上9点钟还很兴奋,不肯睡觉。大人让他收拾玩具时,他就喜欢拖延,因为他还想再玩一会儿。

5.自信不足,太关注缺陷

由于动手能力弱,孩子就总是担心自己做得不好,比较缺乏自信。他要么迟迟不敢下手去做,要么总是想着重新做一次。这种情况在手工游戏中比较常见。有的孩子则是拿到材料却不开始做。

家长分组研讨(一)　　　　　　　　家长分组研讨(二)

四、分组讨论,设法减少拖延

教师:"分组讨论'怎样帮助孩子减少拖延行为'。我们的讨论规则是:①每位家长都要在小组里发言。②每组选派一位家长做'记录人',把大家讨论出的好方法记录下来。③每组选派一位家长做"发言人",在讨论结束后代表本组跟大家分享讨论的结果。分组讨论时间为5分钟。"

家长代表1:"我们小组认为,要帮助孩子提升能力,多鼓励孩子,给孩子动手的机会。如果孩子压力过大,他就会用拖延来'反抗',所以应该减少任务,不要给孩子压力,要给孩子鼓励。"

家长代表2:"我们小组认为,要给孩子一个目标,比如在20分钟之内做完某件事,如果孩子不知道时间,可以用一个小沙漏提示。"

教师小结:"其实,每个孩子都或多或少有一些拖延行为,只是他们拖延的表现各有不同。当我们的眼光只聚焦在人家孩子的优点上时,我们就可能会说出'人家的孩子怎么这么好'之类的话。但是,我们很少去思考'我的孩子为什么会这样'。只有找到了孩子拖延的原因,我们才能更有针对性地去引导孩子逐步减少拖延行为。"

家长代表1发言(一)

家长代表2发言(二)

五、我们的收获

1.拉近了家长和教师的距离

家长沙龙活动拉近了家长和教师的距离,推进了家园互动。在轻松、愉悦的讨论过程中,家长们认识到了拖延行为的起因及其对孩子成长的不利,并总结出了一些有助于孩子减少拖延行为的小妙招。相信这对减少孩子的拖延行为有所帮助。

2.调动了家长参与的热情,引发思考

互动式的家庭教育活动,目的就是让家长们参与进来,不是一味地听,而是主动地思考,通过和同伴交流,拓展思维方式,增加相关教育经验。我们希望这种思考方式能够提示家长,在以后的教育过程中遇到难题时,不妨静下心来,多问几个"为什么""怎么办",分析问题存在的根本原因,从根本上找办法。

（此案例由李敏老师提供）

五、分层开展家长学校活动

　　家长学校是以传授家庭教育的科学知识和方法为主要内容的一种教育形式。如果说家长沙龙活动是定制式的活动,解决家长们"吃得好"的问题,那么家长学校就是普适性培训,解决家长们的"温饱"问题。针对不同年龄段的家长,我们开展不同主题的互动讲座,比如"大班幼小衔接""中班好习惯培养""小班亲子阅读"等;针对不同身份的家长,我们有"好妈妈课堂""好爸爸课堂""爷爷奶奶课堂"等专题讲座。定期组织开展不同家长学校活动,为家长们答疑解惑,让家长了解科学的育儿知识和方法,共同陪伴幼儿成长。

[案例] "陪伴阅读"家长学校活动

活动意图

(1)让家长了解阅读的意义,重视培养幼儿的阅读能力。

(2)通过现场绘本阅读,让家长感受绘本的魅力,愿意坚持亲子阅读。

活动流程

一、热身游戏"拍拍操",调动家长参与积极性

热身游戏　　　　　　　　　　　　家长互动

二、开启话题——遇见亲子阅读

1. 出示 PPT,请家长欣赏

教师:"这里有几张图,请家长们看一看说的是什么。"

2. 相互讨论,引发思考

教师:"从图片上,看到孩子生活在这么糟糕的环境中,我们应该给孩子什么呢?我们应当给孩子强健的身体、艺术的启蒙,教会孩子学习的基本能力——阅读,这样他们才能更好地与这个社会'相处'。那我们家长能做什么呢? 对,和孩子进行亲子阅读。"

三、现场调查,了解阅读的现状

教师:"你有没有和孩子进行过亲子阅读? 大概一周几次,一次多长时间呢?"

家长1:"每天都有陪孩子阅读,大概半小时。"

家长2:"不常读,空了给孩子读读,一周两三次。"

教师:"你们刚才说不能坚持亲子阅读,那你们觉得阻碍你们亲子阅读的原因是什么?"

家长1:"我确实有打算陪伴孩子亲子阅读,每次都计划得非常好,可是工作太忙了,没时间啊!"

家长2:"我也想和孩子好好读读书,可是太累了,没有心情陪他读。"

采访个别家长

家长互动交流

四、体验感悟,体会阅读的意义

教师:"绘本到底能够给我们带来什么呢? 我们一起来读一本绘本《亲爱的小鱼》,读完以后请大家说一说这个绘本给你带来什么感受。可以相互讨论一下。"

家长1:"这是一种有爱的教育,在读这本绘本的时候,感觉到幸福。如果亲子阅读能让孩子深切地体会到父爱、母爱的温暖,有利于孩子的身心健康。"

家长2:"故事简单有趣,只用了十四句话,写出了一只猫和一条鱼有爱的故事。文字很美,如诗一般,给人美的享受。相信孩子在聆听的过程中,也能潜移默化地感受语言的美妙。"

教师:"故事中的猫咪和小鱼,其实不就是我们与孩子吗? 终有一天,孩子将离开我们的怀抱。我们该如何爱孩子? 我们又该给予孩子怎样的爱? 我们是要紧紧将孩子拥抱在怀里、给他们充足的物质条件,还是勇敢放手,给他们空间、教给他们学习的基本能力呢? 相信家长们心里都有了答案。

其实,现在我们要做的很简单,就是陪伴孩子,而亲子阅读就是最好的陪伴
方式。"

绘本封面

五、分享感悟——有一种陪伴叫亲子阅读

教师:"有这样一段话:'你或许拥有一箱箱珠宝与一柜柜的黄金……但
你永远不会比我富有。我有一位读书给我听的妈妈。'在你抱着孩子的时
候,或者坐在孩子身边的时候,孩子会觉得自己是安全的、温暖的、被爱包围
着的。这样一个幸福的氛围会使读书本身慢慢变成一件幸福的事。所有共
读过的书籍,都会让孩子产生幸福的联想,给孩子带来积极的心理暗示:爸
爸妈妈是爱我的,我多么幸福啊,原来书是能给人带来幸福感的东西。所
以,你可能会发现,这本书你已经给孩子读过好几遍,孩子都已经会自己背
了,可是他仍然缠着你,让你再讲一遍。那只能证明一件事,孩子更喜欢你
读书给孩子听。因为你已经成功地把你对孩子的爱借助读书这个方式传递
给了孩子。"

教师:"虞永平教师说:'阅读是孩子内心的渴求,是孩子感知外部世界
的一个特殊形式。我们要像丰富孩子生活环境一样,为孩子提供丰富和适
宜的图书。让我们一起播下阅读这一颗幸福的种子,和孩子共同学习,一同
成长,分享阅读的感动和乐趣;孩子的成长也是一本书,多一点心思,多一点
陪伴,收获的其实不仅仅是孩子。'"

六、我们的收获

1.以绘本共读的方式,了解阅读的意义

家庭教育乃教育之源,学校教育离不开家庭教育,两者凝心聚力,教育才能达到事半功倍的效果。我们通过这样的家庭教育活动来引发家长思考,用共读一本绘本的方式,引导家长去思考亲子阅读的意义。亲子共读能增进父母与孩子之间的情感交流,让家长及时了解孩子的心理活动,正面引导。

2.坚定亲子阅读的计划,感悟亲子阅读的魅力

如果父母每天晚上用上几十分钟同孩子进行亲子阅读,那情况就完全不一样了。孩子们的内心就会产生一种"爸爸妈妈很爱我"的幸福感觉。日久天长,亲情就会像春雨滋润春苗一般,使孩子苗壮成长。爸爸妈妈去实践才能感悟到亲子阅读的魅力。另外,亲子共读还能有效地培养孩子的专注力,提高孩子的倾听能力和语言理解能力,为孩子上小学后的听课能力打下良好的基础。孩子在听一个有趣的故事时,总是会保持高度的专注力。只要坚持下去,通过长期的锻炼,孩子专注力保持的时间会慢慢延长。喜爱阅读的孩子,语言能力通常也特别强。孩子从书中领悟复杂的意义,欣赏语言的美妙。书中的世界无限广阔,充满想象、好奇和机遇,给孩子带来无限的创意。

(此案例由李敏老师提供)

六、拓宽家教宣传途径

我们常通过微信公众号、电子屏、告家长书、园务公开栏等渠道进行宣传。但这是一个信息的时代,为了让家长更快、更简便地了解幼儿园的活动,我们也开通了抖音号和微信视频号,在这些平台中以更高效、内容多元、画面富有冲击力的短视频的方式,更立体地展现我们的活动,更快速地向家长宣传我们的课程,让家长更全面地了解幼儿的活动情况,为家园共育架起了沟通互动的桥梁。

第七章

课程管理与发展评价

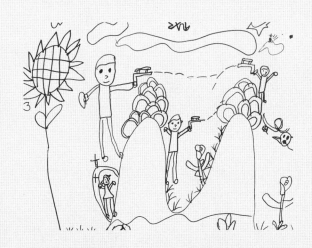

第一节　课程制度与管理

一、"小脚丫"课程中心组介绍

为了进一步加强课程建设,促进课程目标、内容、实施与评价的有序开展,切实提高课程质量,本园成立了"小脚丫"课程中心组。由园长担任组长,业务园长担任副组长,教科研主任、各年级组长及教研组长担任中心组成员。园长是课程构建的规划者、管理者、引领者,领导规划幼儿园课程建设。业务园长是课程计划制定者和管理者,督促和审议课程的实施,进行课程研究与常规管理工作,监督评估课程实施过程,收集信息,为客观反映幼儿园课程实施情况做好日常的积累工作。

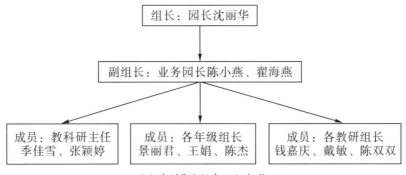

"小脚丫"课程中心组架构

课程中心组成员每月召开一次小组例会,共同分享课程进程中的新发现,协商解决问题的途径、方法。对课程实施中的问题进行汇总、交流,共同研究思考相应的解决策略。教科研主任根据会议反馈与商议结果,围绕"幼儿园课程实施方案"的执行情况撰写课程实施阶段性分析报告。课程中心组成员还要负责教师的课程设计能力培训,帮助教师树立正确的课程理念,采用专题辅导、现场答疑、业务培训、教学示范、协调教育资源等方法来解决,让课程有质量地不断推进。每学期由业务园长牵头各位中心组成员进行学期幼儿的抽测评价,以及家长对幼儿园工作、教师工作的问卷调查,写幼儿园课程质量分析报告,根据质量分析报告中存在的问题,对下一年的工作提出调整意见。

二、加强教研组建设

本园在课程中心组的领导下设立小、中、大三个教研组。它的设立是为了进一步加强对教研组的建设与管理,使教研组真正发挥其教与研的能力,促进每位教师保教能力和科研能力的提高。本园坚持教研组长能上能下的竞争制度,充分发挥教研组长的领导骨干作用,规定教研组长每两年竞聘上岗。教研组长要定期组织本组教师的备课组活动和"小教研"活动。在"小教研"活动中,教师们主要针对本年级组在课程实施过程中出现的问题进行研讨。研讨力求做到有计划、有主题,形式有创意,教师有收获。教研组还要负责科学、合理地制订本年龄段幼儿一日活动的作息时间,使教师和幼儿有更多自主的时间与空间,真正体现"以幼儿发展为本"的理念。教研组参与园部保教质量的评估分析,切实提高保教质量。

教研组活动,研讨区域
材料的提供(一)

教研组活动,研讨区域
材料的提供(二)

教研组活动,研讨集体
活动的组织(一)

教研组活动,研讨集体
活动的组织(二)

第二节　评价与质量提升

评价是对事物价值的判断。因此,评价是一种与价值标准、价值判断相关的活动。教育评价是一种价值判断活动,是对教育实践显性的或隐性的成效及其价值的判断。2020 年 6 月,中央全面深化改革委员会第十四次会议审议通过《深化新时代教育评价改革总体方案》,该方案指出:"教育评价事关教育发展方向,有什么样的评价指挥棒,就有什么样的办学导向。建立科学的、符合时代要求的教育评价制度和机制。"我们在这样的时代背景与要求下,构建以儿童发展为本的教育评价体系,通过评价促进个人的发展,使幼儿园教育获得整体、全面、有质量的提升,已经成为当前幼儿园教育改革实践中首先要思考和解决的问题。

幼儿园课程评价是一种特殊的认识活动,是针对幼儿教育的特点和组成要素,通过搜集和分析比较系统全面的有关资料,科学地判断幼儿教育的价值和效益的过程。课程评价是幼儿园课程的重要构成,幼儿园课程评价作为与课程理念、课程目标、课程内容、课程实施同等重要的课程要素,是一套完备的课程体系必不可少的组成部分。幼儿园课程评价更是衡量教师行为、幼儿行为、教育质量、办园成效乃至幼儿教育的重要社会工作。

一、树立正确的课程评价理念

本园的课程评价体系中也出现了一些问题:重视幼儿发展评价,忽略对课程理念、课程方案、实施过程和课程成效的评价。重视幼儿学习的评价,忽略幼儿在生活、游戏中的评价。重视教师和家长对幼儿的评价,忽略幼儿的自我评价。我国的《纲要》对幼儿教育评价提出以下基本理念:

(1)教育评价是幼儿园教育工作的重要组成部分,是了解教育的适宜性和有效性、调整和改进工作、促进每一个幼儿发展、提高教育质量的必要手段。

(2)管理人员、教师、幼儿及其家长均是幼儿园教育评价工作的参与者。评价过程是各方共同参与、相互支持与合作的过程。

(3)评价的过程是教师运用专业知识审视教育实践,并发现、分析、研究、解决问题的过程,也是其自我成长的重要途径。

(4)幼儿园教育工作评价实行以教师自评为主,园长以及有关管理人员、其他教师和家长等参与评价的制度。

(5)评价应自然地伴随着整个教育过程进行,综合采用观察、谈话、作品分析等多种方法。

(6)幼儿的行为表现和发展变化具有重要的评价意义,教师应视之为重要的评价信息和改进工作的依据。

(7)教育工作评价宜重点考察以下方面:

①教育计划和教育活动的目标是否建立在了解本班幼儿现状的基础上。

②教育的内容、方式、策略、环境条件是否能调动幼儿学习的积极性。

③教育过程是否能为幼儿提供有益的学习经验,并符合其发展需要。

③教育内容、要求能否兼顾群体需要和个体差异,使每个幼儿都能得到发展,都有成功感。

⑤教师的指导是否有利于幼儿主动、有效地学习。

(8)对幼儿发展状况的评估,要注意:

①明确评价的目的是了解幼儿的发展需要,以便提供更加适宜的帮助和指导。

②全面了解幼儿的发展状况,防止片面性,尤其是避免只重知识和技能,忽略情感、社会性和实际能力的倾向。

③在日常活动与教育教学过程中采用自然的方法进行。平时观察所获得的具有典型意义的幼儿行为表现和所积累的各种作品等,是评价的重要依据。

④承认和关注幼儿的个体差异,避免用简单划一的标准评价不同的幼儿,在幼儿面前慎用横向的比较。

⑤以发展的眼光看待幼儿,既要了解现有水平,更要关注其发展的速度、特点和倾向等。

为了更好地发挥课程评价的价值,我们认真学习并消化吸收了《纲要》中的基本理念,我们将"整体性、过程性、发展性"作为评价的基本理念,实现课程评价从单一向多元、从"短暂性"向"生长性"的转变,实施多元评价机制。

"整体性"主要是指课程评价不仅仅只有幼儿发展评价、教师工作评价,而应该是全面的、整体的评价。从课程评价的内容上看,课程评价有课程理念、课程目标、课程内容、课程实施、实施效果的评价。从课程评价的对象上看,教师、幼儿及其家长、保育员、行政人员、园务委员会成员都是课程评价成员。从课程评价的时间上看,课程评价有日评价、周评价、月评价、学期评价、专项评价。从课程评价方式上看,课程评价有自评、互评、他评。既要重视幼儿学习的评价,也应该关注幼儿的来园、盥洗、点心、进餐、散步、游戏等活动的评价,全面整体地了解幼儿的发展状况,防止评价的片面性。

"过程性"是指改进结果评价,强化过程评价。评价应自然地伴随着整个教育过程进行,决不能以区分评价对象的优良程度为目的,或过分重视评价分等鉴定的功能。所以要尽可能地采用观察法、谈话法、作品分析、微格评价、档案评价等方式,多在实际情境中进行评价,通过诊断和改进教育活动,促进在原有基础上得到发展为目的。评价的价值定位在发展功能上,评价者与被评价者共同进步、共同成长。

"发展性"是指充分发挥评估的引导、诊断、改进和激励功能,注重发展性评估。通过系统地搜集评价信息和分析,对评价者和评价对象双方的教育活动进行价值判断,实现目标、策略的优化,促进幼儿不断地发展。关注幼儿、教师和课程发展中的需要,突出评价的激励与调控的功能,激发其内在发展动力。通过观察描绘一系列发展的事件,使用评论、逸事、作品取样法等对每个幼儿的发展进行独特的、个别化记录,记录持续参与项目的过程,定期讨论下一阶段的发展水平,加强评估项目的及项目规划的有效性。

二、共参与的多元评价

教师、幼儿及其家长、保育员、行政人员、园务委员会成员都是对幼儿园的课程进行评价的主体。不同的主体从不同的视角去评价课程,搜集的信息才会真实全面,才能为评价课程提供客观公正的依据,才能真正发挥评价的检测、监督作用,才能真正实现以评价促发展。

(一)幼儿的自我评价

幼儿也是课程的评价者,幼儿在教育实施的进程中经常在行使评价的职能。同时幼儿也有自我评价的能力。幼儿常常用他们的情绪、绘画、文字记录等表达方式进行评价。透过他们的表达,我们可以了解到我们的课程内容是不是孩子们喜欢的。孩子们的表达是课程实施的适宜性和有效性的客观评价依据。如果孩子对我们的课程实施没有兴趣,或感到紧张、不受尊重,孩子们最直接的表现可能就是不喜欢老师,或者不喜欢上幼儿园。本园幼儿采用了多种形式进行自我评价,内容展示如下。

幸福的小脚丫

乡村幼儿园课程园本化的实践与思考

1.好习惯打卡行动

9月的大班好习惯打卡行动

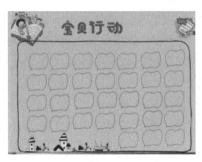

幼儿用自己喜欢的标记打卡记录

2.阅读马拉松

班级阅读宣言

幼儿阅读马拉松打卡记录

3.晒晒我的朋友圈

中(6)班幼儿的开心事

大(5)班幼儿的开心事

4.活动记录卡

亲子运动会幼儿记录卡

元宵游园会幼儿游戏记录卡

红色沙洲打卡行动　　　　　我是防疫小能手自评卡

5.我的游戏故事

游戏故事:百花林里的演唱会

游戏故事:小山坡上的军事游戏

游戏故事:看！我们搭的游乐园

游戏故事:我们设计的小火车

6.幼儿档案袋评价

南丰幼儿园"小脚丫"成长档案整理内容

类目名称	内容
家庭生活	出生证、脚印、手印、胎毛、乳牙等"第一手"资料;孩子体检表、预防接种证、儿童保健卡、病历;日常生活中的童言趣语、成长手记、家风家训家规材料;家庭成员之间的亲情寄语,不同成长时期具有纪念意义的照片、视频等
学习成长	幼儿在园的活动表征、教师观察记录、成绩报告单、教师评语、表扬卡、奖状;参加学校各类活动形成的证书、作品、亲子照片等;参加各类才艺特长培训班的缴费凭证、教材、考级证,不同阶段的绘画、书法、手工、陶艺作品等,进行才艺展示的影像资料,参加各类才艺比赛获得的荣誉等
社会实践	体现人际交往的各类材料,如与朋友的合照、朋友赠送的有纪念意义的礼物;参加社会实践、社会公益、志愿服务的各类材料;旅游观光的照片或视频、飞机票、火车票、线路图、门票、纪念品等

(二)教师的专业评价

教师是幼儿学习活动的支持者、合作者、引导者。教师在实施课程的时候与幼儿互动,对幼儿的兴趣、需求、性格特点、情绪态度都了如指掌。教师在观察幼儿的对话、行为的基础上进行分析,关注幼儿在真实情景中的实际操作和表达表现,了解幼儿的现有水平,分析其发展需要。这种基于观察的评价更具专业说服力,其评价也是为了更好地支持与回应儿童,使儿童有更好的发展。观察评价的形式也是多样的,有便笺、照片、视频、语音等。

同时,教师通过观察儿童也会对自己课程的实施进行自我反思性评价,这有助于发现课程的问题、反思评价课程的适宜性与有效性、推动课程的完善与修改。自我反思性评价主要有即时反思性评价、周反思性评价、主题性反思评价等多种评价方式。当然教师的专业评价还包括对幼儿发展的专项评价,如对幼儿的生活自理能力、行为习惯动作发展、语言发展等的专项评价。

1.观察评价表

幼儿游戏观察评价内容如下表所示。

幼儿游戏观察评价表

班级:<u>大(1)班</u>

幼儿姓名	钟雨萱	观察日期	2019 年 10 月 8 日－10 月 30 日	观察者	景丽君
观察地点	教室各区域和角色游戏区				
观察目标	观察钟雨萱与其他小朋友的交往方式				
观察记录	第 1 次观察	10 月 10 日 10:12－10:24(自主性游戏) 　　在区域活动时间,钟雨萱拿出纸和笔在美工区活动。她先画了一朵小花。看到旁边罗婉婷画的花朵线描画很好看,她一直看着罗婉婷也不作声。罗婉婷用曲线她也用曲线,罗婉婷用锯齿线她也用锯齿线,罗婉婷看到了大声说:"钟雨萱,你不要和我画一样的!"钟雨萱不作声,罗婉婷又说:"你干吗抄我的?"说完钟雨萱就开始掉眼泪			
	第 2 次观察	10 月 15 日 10:15－10:23(自主性游戏) 　　自主性游戏开始了,孩子们正在自由地玩着积木,只见钟雨萱一人坐在椅子上没有动,我走过去问:"你想玩吗?"她点了点头,没说话,只用眼睛看着我。我鼓励她让她和同伴一块儿玩。不一会儿,她站了起来,慢慢地走了过去,还不时回过头看我。我笑着点点头。她走到了其他孩子的身边。钟雨萱拿出了小长条的积木认真地拼。过了一会儿,孙和拿了她的几个玩具。钟雨萱看见了却不说话,脸上有些不高兴。又过了一会儿,孙和又拿她的玩具,这下钟雨萱干脆不玩了,就看着孙和玩			
	第 3 次观察	10 月 25 日 10:35－10:45(自主性游戏) 　　区域活动开始了,钟雨萱选择了建构区和一筐彩色小积木。我问她:"钟雨萱,今天你想搭什么呢?"她只是甜甜地笑了一笑。等我再回到建构区时,就看到钟雨萱搭了小人和城堡。李梓墨问她:"这是怎么搭的呀? 我可以和你一起搭吗?"钟雨萱点点头。在游戏中,钟雨萱没有和李梓墨交流,仍是自己搭自己的			

续表

运用教育理论分析、识别幼儿新经验和已有经验	《指南》中指出:"幼儿自己的事情尽量放手让他自己做,即使做得不够好,也应鼓励并给予一定的指导,让他在做事中树立自尊和自信。鼓励幼儿尝试有一定难度的任务,并注意调整难度,让他感受经过努力获得的成就感。" 已有经验: 　　1.通过几次观察能看出,钟雨萱小朋友没有主动和别人进行交流,她在活动中不知道该如何和其他幼儿相处。 　　2.钟雨萱小朋友有和其他小朋友交流的愿望,但是她不懂得表达。 　　3.钟雨萱小朋友在单独进行建构的时候能够很好地搭建出东西,但在和同伴交往的时候就不敢大胆地放开自己或表达自己的想法。 　　4.钟雨萱有独立搭建的能力,但没有合作搭建的意识
支持策略(回应)	区域活动是幼儿园教育教学活动中的重要组成部分,它贯穿于幼儿园一日生活的各个环节当中。它是幼儿园教育中促进幼儿个性化发展的有效形式。针对钟雨萱小朋友的情况,我们做的支持策略如下: 　　1.在游戏分享活动环节,我尝试让钟雨萱小朋友来介绍自己搭建的作品以及自己搭建的技能。我们教师在游戏活动中应该关注每一位幼儿,为幼儿提供展示自己的机会。既然钟雨萱性格内向、不善交流,那我们可以帮助她先建立自己的自信心,给她展示的机会。 　　2.在钟雨萱小朋友不知道怎么与同伴相处的时候,我们教师可以适当地介入,帮助她与同伴建立起良好的关系。 　　3.让钟雨萱和班级中的小朋友多多接触,多进行团队合作式的游戏,为她创设与同伴合作的机会

2.幼儿发展专项评价

对幼儿发展的专项评价表如下表所示。

南丰幼儿园大班幼儿"生活自理能力、行为习惯"专项评价

班级:

姓名	能根据冷热增减衣服	养成每天按时睡觉和起床的习惯	会熟练地使用筷子吃饭	饭前便后主动洗手,方法正确,饭后漱口	能按类别整理自己的物品	坐、行、读、写姿势正确

注:完全达标☆　基本达标△　等待□

南丰幼儿园大班幼儿"幼儿动作发展"专项评价

班级:

姓名	走:能在斜坡、荡桥等物体上较平稳地行走	跑:能快跑25米左右	跳:能单脚连续向前跳	投:能单手向前投掷5米左右	钻:能熟练地使用多种方式穿过障碍	攀爬:能用手脚并用的方式安全地攀爬

注:完全达标☆ 基本达标△ 等待□

3.教师的自我反思性评价

(1)以下为即时性反思性评价示例。

我给小猪量身高

上午,孩子们在"小农庄"玩,萱萱突然问:"小猪多高呢?"旁边的孩子也附和道:"我也想知道!"这时,我说:"我们一起想想办法吧。"回到教室后,我们组织了"测量方法大搜索"活动。祎祎先举手说道:"我们让小猪挨着栅栏站,用记号笔在栅栏上做好标记,然后直接用尺量一下栅栏上的标记到草地的高度不就行了!"有小朋友提出质疑:"小猪喜欢乱跑,而且可能看我们拿着工具会害怕的。"勋勋急忙说道:"我们可以做一个蔬菜沙拉,用美食把小猪引到栅栏边。"晨晨说:"我们可以在边上的林子里找根树枝,用竹枝比一比,用尺子量一量。"嘉嘉附和道:"我们也可以去和小猪比一比,然后量一量小猪到自己哪里。"勋勋说:"我们可以借来大操场的积木叠一叠,看看小猪的身高有几个积木高。"我赞同道:"小朋友们的想法听上去都很棒!"下午户外游戏的时候,孩子们在教室和户外进行了"材料大搜索"。一切准备就绪,孩子们开始了"身高大测量"活动。

幼儿的活动应是基于幼儿的兴趣与好奇心的,亦是被幼儿的兴趣、想法、发现以及新奇感所推动的,这些元素的挖掘源于教师的用心观察。活动的开始、内容的对接皆是幼儿自发提出的,幼儿在此过程中满足了自己的好奇心和探究欲,同时学习了如何合理地利用幼儿园里的各种材料。在活动的过程中,教师尽可能做到最大支持、最小介入,必要时提出关键性的问题引导幼儿,及时鼓励幼儿,使得幼儿更坚定、自信地活动。

(袁艺老师总结)

(2)以下为周反思性评价示例。

探秘春天

本月我们的主题是"探秘春天",在本周的活动中,我和孩子们一起去寻找春天、感受春天、赞美春天。我们在小菜园里挖泥土,在动物园里学数学,我们在优美的散文中以动植物的声音、形态变化为线索理解春天,在音乐《春天和我捉迷藏》中感受五声调式歌曲的风格特点。孩子们发现了校园里各种不同的花,发现了很多植物正在悄悄发芽,还发现了很多小动物……

小鸡宝宝在这一周孵化啦!小朋友们对如何照顾刚孵化的小鸡进行了调查,并画下了小鸡破壳日记。他们发现有一只刚孵化的小鸡比较弱小,会被其他小鸡欺负。孩子们对此展开了拯救小鸡大行动。随着孵出的小鸡越来越多,小朋友们渐渐没有办法辨认自己的小鸡。如何辨认小鸡呢?这是我们下周要讨论和解决的问题。

我们在百花林游戏的时候,孩子们发现了一棵很高的树,他们对爬树产生了兴趣,有的孩子不敢爬,有的孩子跃跃欲试。他们搬来轮胎,想把它叠高后再爬上去。有的孩子尝试用梯子爬,并一起讨论梯子的摆放位置和爬树规则。活动中,他们有探索、有冒险、有合作,玩得很开心。在区域游戏中,孩子们逐渐想出了一些创意的玩法,他们试着用气球做造型,孩子们的创造性在教师的放手中得以释放。

在日常活动中,孩子们整理了自己的小抽屉和区域材料,并分享了自己整理的经验。从中我们可以看到孩子们不同的整理和自理能力。活动结束时我们对其进行了适当奖励,鼓励幼儿养成整理的好习惯。我们相信在不断的亲身实践中,孩子们的整理能力会有很大提高!

本周也发现了一些问题,例如户外有的树木比较瘦小,小朋友爬上去容易压断小树的枝丫,这样既不环保也不安全。我们及时在活动后开展讨论,让孩子们知道什么样的树可以爬。相信班上每一个孩子都能再接再厉,在下周有更好的表现。

(钱嘉庆老师总结)

(3)以下为主题反思性评价示例。

我的一家

新学期伊始,孩子们刚和家人度过了一个愉快的春节,一方面他们还沉浸在与家人团聚的温馨氛围中,另一方面假期结束后重新开始的集体生活对他们来说还是有一定挑战性的。同时,小班幼儿对"家"的概念还比较模糊,因此我们开展了"我的一家"主题系列活动。

为了让这个主题开展得更有成效,我们提前了解了每个孩子家庭的大致情况,了解他们共同的需求和问题,有的放矢地组织活动。有了前期的准备,我们预设了一些集体活动,通过"我有一个幸福的家""我长大了""我家有几口""可爱的家人"等各领域活动,鼓励、引导幼儿用行为、语言等方式向家人表达自己的情感,能理解家人的辛苦,对家人怀有感恩之心,愿意学着关心家人。同时,我们依据幼儿的兴趣设计了一些活动。我们班这学期来了一位新同学,我们以小组的形式开展了"我的新朋友"活动,幼儿在自由、宽松、温馨的氛围中感受到朋友之间互帮互助、团结友爱的相处模式。我们也结合当下的节日,开展了丰富的节日活动。如通过欣赏花灯、制作花灯,让幼儿感受元宵节的热闹;在搓元宵、吃元宵活动中,让幼儿感受元宵节的甜蜜。

　　游戏是幼儿最喜欢的活动。我们和幼儿一起搜集了丰富的区域材料,如瓶盖、羽毛、黄豆、松果、树枝、石子等,引导幼儿在与材料的充分互动中不断提升自己各方面的能力。在区角游戏中,孩子们营造了"给弟弟妹妹过生日""你的家、我的家""我去上班啦"等游戏情节。我们惊喜地发现,孩子们的游戏情节在不断地丰富,能力也在不断地提高。在沙画室里,孩子们的想象力和创造力尤其丰富。在民俗馆,孩子们体验制作青团的乐趣,中国的民俗文化由此在孩子们心中生根发芽。在户外活动中,我们开始尝试不限制幼儿对材料的选择,观察幼儿在完全自主的状态下是如何进行游戏的。通过观察我们发现,当幼儿真正拥有材料的自主选择权和使用权后,他们每天都有不一样的创意。我们坚持"最大程度地放手,最小程度地介入",让每个幼儿都得到最适宜的发展环境。

　　在生活环节,通过观察,我们发现有些幼儿不爱喝水,每天的饮水量很少。于是,我们和孩子们一起讨论,了解水对于我们身体的重要性。我们鼓励孩子带自己的水杯来,提高他们对喝水的兴趣,让他们逐步养成爱喝水的好习惯。同时我们也和家长沟通,希望家长在家也鼓励幼儿多喝水。

　　随着主题活动的开展,我们也发现了一些问题。小朋友很少选择阅读区进行活动,于是我们和幼儿一起找到原因后,对阅读区的环境和材料进行了调整。在建构区,供幼儿选择的材料比较局限,我们提供的生活材料使用率不高,于是我们和孩子们一起熟悉材料。户外活动时,为保证幼儿的安全,我们和幼儿一起商量、制定规则。我们灵敏地抓住幼儿的兴趣点和发现的问题,跟随幼儿的脚步开展活动。我们始终相信幼儿,给予幼儿发现问题、解决问题的机会。幼儿自主解决问题的过程就是他们自我建构的过程。同时我们根据不同的情况,适时提问和引导幼儿,从而不断促进幼儿各方面能力的提升。

(陈杰老师总结)

（4）南丰幼儿园教师学期自评表如下表所示。

南丰幼儿园教师学期课程实施自评表

内容	具体目标	分值	自评	园评
关爱幼儿	1.教师为幼儿营造尊重、接纳、关爱的精神氛围	10		
	2.幼儿信任教师，自如地向教师寻求帮助、表达观点、分享情感、回应教师的问题	5		
	3.教师尊重幼儿，能通过观察、倾听、与幼儿对话努力理解幼儿的行为意图，采纳幼儿的想法和建议，为幼儿创造决策的机会	5		
课程实施	1.班级整体环境符合本班幼儿实际情况	10		
	2.材料、教玩具数量充足，种类丰富。定期更换游戏、学习的材料、教玩具	10		
	3.材料、教玩具有适当的挑战性，有一定数量的自然物和生活物	5		
	4.幼儿参与一日活动的规则制定，游戏活动有秩序、有规则	5		
	5.认真观察幼儿，给幼儿提供适当的支持，推进幼儿发展	5		
	6.每学期有一次高质量的班级项目课程实施	10		
	7.对每一位幼儿都有观察的照片、视频，与幼儿有深度交流	5		
	8.根据幼儿当下经验及活动情况灵活调整教学计划	5		
	9.活动内容全面，有集体活动、小组活动、游戏活动等	5		
家园共育	1.家长对教师的满意率达到90%以上	5		
	2.家长了解本学期对孩子的发展培养目标	5		
	3.家长与每位教师有不同形式的交流，面对面交流、电话交流不少于一次	5		
	4.家长能通过多种途径积极参与幼儿园活动，支持幼儿园工作	5		
总分				

（三）家长的参与评价

幼儿园课程的开展离不开家长的支持。比如在课程资源的搜集、主题活动的调查中，家长都发挥着积极的作用。所以，家长也是课程的评价者。我们会向家长宣传课程的理念、目标、内容、途径等，让家长理解幼儿园是以游戏为基本活动的，让家长认识到游戏在幼儿成长中的价值。但由于家长的文化背景、经验水平不同，他们的教育观念也不同，所以家长的评价往往带有片面性和主观性。但家长能从不同的视角来评价课程,因而不同的评论同样具有一定的参考价值。同时我们也通过家长开放日活动、家委会、家长学校、家长助教、亲子活动等方式,让家长来园体验课程,参与到课程实施的过程中,引导他们用正确的儿童观、课程观来评价幼儿和课程。

1.家长问卷调查

南丰幼儿园家长调查问卷

尊敬的家长:您好!

为更好地提高本园的课程建设及办园水平,增进家园共育,详细真实地了解本学期您对幼儿园及教师各项工作开展的满意情况,现特向家长征求意见、建议和评价,以便我们改进。您的评价和建议对我们很重要,谢谢您的支持和参与!

1.您的孩子所在的班级:

2.您孩子班里有哪三位教师?

教师 1:(　　　　　)

教师 2:(　　　　　)

生活教师 3:(　　　　　　)

3.您认为孩子喜欢教师 1 吗?

□很喜欢　　　　□有点喜欢　　　　□不太喜欢　　　　□不了解

4.您认为孩子喜欢教师 2 吗?

□很喜欢　　　　□有点喜欢　　　　□不太喜欢　　　　□不了解

5.您认为孩子喜欢生活教师 3 吗?

□很喜欢　　　　□有点喜欢　　　　□不太喜欢　　　　□不了解

6.您对教师 1 的教学水平和态度是否满意?

□满意　　　　□基本满意　　　　□不满意　　　　□不了解

7.您对教师 2 的教学水平和态度是否满意?

□满意　　　　□基本满意　　　　□不满意　　　　□不了解

8.您对生活教师 3 的生活护理和态度是否满意?

□满意　　　　□基本满意　　　　□不满意　　　　□不了解

9.您对教师 1 与家长的沟通交流情况是否满意?

□满意　　　　□基本满意　　　　□不满意　　　　□不了解

10.您对教师 2 与家长的沟通交流情况是否满意?

□满意　　　　□基本满意　　　　□不满意　　　　□不了解

11.您对生活教师 3 与家长的沟通交流情况是否满意?

□满意　　　　□基本满意　　　　□不满意　　　　□不了解

12.您认为教师 1 的教育方式是否坚持以下原则:坚持为幼儿发展服务的原则,坚持以正面教育主的原则,坚持以平等、尊重、理解、鼓励为教育态度的原则。

☐是　　　　　☐ 基本是　　　　☐不是

13.您认为教师 2 的教育方式是否坚持以下原则:坚持为幼儿发展服务的原则,坚持以正面教育主的原则,坚持以平等、尊重、理解、鼓励为教育态度的原则。

☐是　　　　　☐基本是　　　　☐不是

14.您认为生活教师 3 的教育方式是否坚持以下原则:坚持为幼儿发展服务的原则,坚持以正面教育主的原则,坚持以平等、尊重、理解、鼓励为教育态度的原则。

☐是　　　　　☐基本是　　　　☐不是

15.幼儿园是否定期召开家长会、家长开放日、电话家访等活动,保持家校沟通渠道畅通?

☐是　　　　　☐基本是　　　　☐不是

16.幼儿园是否规范收费,无向学生强行推销保险、报刊、教辅用书、学习用品等行为?

☐是　　　　　☐基本是　　　　☐不是

17.三位教师能否做到热爱学生、尊重学生,不讽刺、挖苦、歧视学生,不体罚或变相体罚学生等情况?

☐能　　　　　☐基本能　　　　☐不能

18.三位教师能否做到廉洁从教,不以教谋私,从不要求、暗示家长宴请、送礼或为其办私事,不接受家长吃请和赠与等情况?

☐能　　　　　☐基本能　　　　☐不能

19.三位教师能否做到在校内外无有偿补课现象?

☐能　　　　　☐基本能　　　　☐不能

20.三位教师能否做到不要求或变相要求学生参加各类培训机构,不为他人介绍培训、辅导生源等情况?

☐能　　　　　☐基本能　　　　☐不能

21.三位教师能否做到尊重学生家长,经常反馈学生在校情况?

☐能　　　　　☐基本能　　　　☐不能

22.三位教师能否做到爱岗敬业,为人师表,言行举止文明,教育教学方法多样,认真耐心细致做好孩子的教育工作等情况?

☐能　　　　　☐基本能　　　　☐不能

23.您对学校课程建设有哪些意见和建议？

24 您对教师的教育教学工作和孩子在园的发展有何好的建议？

如有建议需要当面反馈,可通过以下方式进行沟通。
A. 班级教师
B. 分管园长:刘园长 139＊＊＊＊＊＊11
2.家长开放日活动评价表
班级:　　　　　幼儿姓名:
尊敬的各位家长:

大家好! 非常感谢您能抽出宝贵的时间来园参加家长开放日活动,我们的家长开放日每年举办一次,欢迎大家同我们一起见证孩子的成长、进步与快乐! 希望您能对我们此次活动进行评价。为了使本次评价内容在日后教育工作中起到客观真实有效的参考价值,家长在所有环节中都请不要干扰、提醒孩子,只需要观察孩子在自然状态下的行为并如实记录。

此次活动评价表请在今日家长开放日活动结束后投入园长信箱。谢谢!

评价项目	评价内容	活动评价
游戏活动	1.您的孩子对游戏的兴趣怎么样?	
	2.您的孩子能根据游戏情节选择适宜的材料吗?	
	3.您的孩子能和同伴一起合作探究吗?	
	4.您的孩子在游戏中的发展情况是怎样的?	
	5.您的孩子在游戏中遇到问题能想办法解决吗?	
生活活动	1.您的孩子能自己的事情自己做吗?	
	2.您的孩子知道饭前便后洗手并卷起衣袖,保证衣袖不潮湿吗?	
	3.您的孩子能独立吃完自己的饭菜吗?	
集体活动	1.您的孩子能耐心地倾听同伴讲述吗?	
	2.您的孩子能积极举手发言吗?	
	3.您的孩子能用完整的语言表述吗?	
	4.您的孩子能坚持做到注意力集中吗?	

通过本次家长开放日活动,请您谈谈您的感受,可以是对孩子的赞赏或希望,也可以是对本园保教工作的一些建议。

张家港市南丰幼儿园

年   月   日

3.家委会意见征集表

尊敬的家长朋友:

真诚地感谢您对本园工作的信任和支持,为更好地提高幼儿园的保教质量和办园水平,结合本园实际,特印发家委会个人意见征集表,恳请您对本园各项工作提出宝贵的意见和建议,我们将虚心采纳,认真改进。衷心感谢您对本园工作的支持与配合!

您的意见与建议	学校管理方面	
	学校教育教学方面	
	孩子能力发展、习惯养成方面	
	孩子生活方面	
	教师履职方面	

(四)管理者的评价

管理者是确定课程发展方向的主体,是课程发展的策划者、研究者、参与者和评价者,对课程的发展起着决定性作用。管理者对课程的评价就是教师课程实施的跟进,主要有半日活动调研、日常巡视、与教师幼儿访谈、教研活动、下发问卷等方式。管理者了解课程理念在教师的课程实施过程中的落实情况,了解课程目标的适宜性、课程实施策略的合理性,并及时调整与反馈,保证课程质量。

南丰幼儿园半日活动调研情况反馈表

调研时间	2019 年 3 月 10 日	调研人员	翟海燕、季佳雪
调研班级	中(1)班、中(2)班、中(3)班、中(4)班		
调研亮点	1.半日活动环节流畅,保教紧密配合 　　虽然在四个班的半日活动中,中(1)班、中(2)班都是由第一年工作的新老师带班,但从整体情况看,四个班的半日活动各环节都非常流畅,各班三位保教人员都能紧密配合。 2.教学活动准备充分,注重发挥幼儿的主动性 　　四个班都进行了集体教学活动:美术"我的脸",本次活动准备的材料比较多,需要每人一份蛋糕纸盆,还有毛线、彩纸、蜡笔、勾线笔等其他辅助材料。在活动前,班内三位老师一起分工合作,进行了充分的准备。有三个班在材料的准备中还格外注重材料的层次性,让幼儿能自由选择适合自己能力水平的材料。在幼儿活动过程中,三位保教人员能相互协调着进行分组辅导,特别是中(2)班的保育老师,不仅配合做好保育工作,并且在指导过程中贯彻教育理念。如有一个小朋友说:"老师,我不会剪眼睛。"李老师就找出一张已经剪好的眼睛图案,说:"你可以试试看剪成这个样子的。"在这个过程中,老师不仅帮助了孩子,还教会了孩子自己观察和探索		
调研亮点	内化教育理念,注重细节培养 　　首先是给予幼儿自主的机会,减少高控。比如在点心、课间休息等环节,四个班的孩子都能自己在主动地完成生活活动后,自选区角、玩具进行活动。有的在拼图,有的在照顾自然角,有的单独在柜子边上操作,有的几个小朋友一起在地面上玩,内容和形式都很丰富,孩子也显得放松愉快。其次是能够关注孩子的需要。比如,中(1)班有一位小朋友来园时脚疼,三位老师就及时关心他的身体情况,多次询问现在觉得怎么样。中(1)班有一位小朋友前几天没来上幼儿园,今天来得比较晚,有情绪,三位老师就主动安慰他,主动引导他加入大家的游戏,看他情绪好了就及时表扬他。中(2)班在户外游戏前通过民主提议和举手表决的形式决定当天户外游戏的场地和内容,教师能够尊重孩子的选择。中(4)班在每个环节前明确要求,幼儿能明确地知道自己接下来应该做什么,比如在户外活动结束回教室前,老师边走边和小朋友谈回教室应该做的三件事,条理清楚,有益于帮助幼儿养成良好的习惯		

续表

问题与建议	1.逐步放手,培养幼儿的动手能力 　　习惯是影响幼儿能力发展的一个重要因素,因此,在班级一日活动中,教师要帮助幼儿养成良好的操作习惯,如养成良好的收拾、整理习惯。尤其是在操作活动中,教师可以逐步培养幼儿自主取、放、分发、收拾物品的习惯,可以采用值日生、小组长等形式,让幼儿轮流为大家服务。 2.逐步丰富角色游戏的内容和形式 　　角色游戏的环境、内容、形式不是一成不变的,可以根据幼儿的游戏水平和游戏经验的提高而逐步丰富。进行游戏时教师要多观察幼儿在游戏中的表现,反思在区域设置、材料提供、内容形式上需要做出的调整和改善,逐步提高幼儿的游戏水平。 3.丰富来园活动内容 　　来园活动是幼儿进入幼儿园的第一项活动,它是丰富自主的。如幼儿来园首先可以自主签到,可以选择进行力所能及的劳动,包括擦自己的小椅子、包干区,选择照顾自然角等。其次是桌面游戏材料的准备,除了准备常规的桌面建构材料、美工、泥工、图书等,教师还可以根据本周主题开展情况重点指导相关的区域和材料的准备等。 4.灵活变换晨练活动的组织方式 　　晨间锻炼不管是按照户外大区域活动的形式,还是按照班级自主组织的形式,都要注重活动的趣味性和有效性。我们要恰当使用成品材料和自制体育器械,对于这点,相信通过我们的教研活动,大家也有了更多的想法和思路。另外在教师的指导上,我们老师还不能站得高、说得少。我们要更多地参与到孩子的游戏中,融入和孩子一起玩、一起探索的过程中

对教师的观察评价:

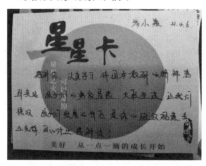

颁发给岑小菊老师的星星卡

颁发给陈芳老师的星星卡

颁发给景丽君老师的星星卡　　　　　颁发给李萍老师的星星卡

颁发给孙路璐老师的星星卡　　　　　颁发给张玉香老师的星星卡

　　课程评价作为幼儿园教育工作的重要组成部分,是幼儿园教育活动的基本反馈,更是深化课程改革、提高教育质量的必要手段。课程评价也是每一所幼儿园必须且必然在做的一件事,但对于很多幼儿园来说也是一个研究的难点。我们也在尝试开展幼儿园课程评价的研究并将其作为重点内容,但还处于起步和探索阶段,研究的比较浅显粗略、不够全面,错误在所难免,很多问题还有待于进一步思考。我们也希望通过有效的课程评价来进一步推动乡村幼儿园的课程建设,提升课程质量。

参考文献

[1] 安·S·爱泼斯坦.学前教育中的主动学习精要——认识高宽课程模式[M].霍力岩,郭珺等译.北京:教育科学出版社,2012.

[2] 成尚荣.儿童立场[M].上海:华东师范大学出版社,2018.

[3] 德布·柯蒂斯,玛吉·卡特.和儿童一起学习:促进反思性教学的课程框架[M].周欣等,译.北京:教育科学出版社,2011.

[4] 董旭花,韩冰川,张海豫.幼儿园户外环境创设与活动指导[M].北京:中国轻工业出版社,2018.

[5] 范胜武.重构学校文化[M].上海:上海教育出版社,2018.

[6] 华爱华等.上海市学前教育课程指南解读[M].上海:上海教育出版社,2005.

[7] 胡华.给童年"留白":让孩子活在自然里的幼儿园[M].南宁:接力出版社,2017.

[8] 韩艳梅.课程图谱[M].上海:上海教育出版社,2019.

[9] 李季湄,冯晓霞.《3～6岁儿童学习与发展指南》解读[M].北京:人民教育出版社,2013.

[10] 刘凌,霍力岩.自主深度探究·合作多元探究——"三人行"课程下的儿童学习与发展[M].北京:北京师范大学出版社,2018.

[11] 刘焱.儿童游戏通论[M].北京:北京师范大学出版社,2004.

[12] 李子健,杨晓萍,殷洁.幼儿园园本课程开发的理论与实践[M].北京:人民教育出版社,2009.

[13] 米丽娅姆·别洛戈洛夫斯基,莉萨·戴利.让早期教育理论看得见[M].赵红霞,译.南京:南京师范大学出版社,2018.

[14] 上海市教育委员会教育研究室.幼儿园,课程领导力在生长[M].上海:上海科技教育出版社,2019.

[15] 苏莉萍.小脚丫课程:生命眷恋与文化情愫[M].上海:华东师范大学出版社,2019.

[16] 史勇萍,霍力岩.幼儿园三位一体课程的实践和探索——六要素法的运用[M].北京:北京师范大学出版社,2016.

[17] 唐玉萍.经验课程:在探索中生发[M].南京:南京师范大学出版社,2011.

[18]伊丽莎白·伍德.游戏、学习与早期教育课程[M].李敏宜等,译.北京:教育科学出版社,2018.

[19]王海英.儿童视野的幼儿园环境创设[M].北京:人民教育出版社,2019.

[20]王忠民.幼儿教育词典[M].北京:中国大百科全书出版社,2004.

[21]虞永平.学前课程与幸福童年[M].北京:教育科学出版社,2012.

[22]虞永平,张辉娟,钱雨,蔡红梅.幼儿园课程评价[M].南京:江苏教育出版社,2009.

[23]朱莉·布拉德.0～8岁儿童学习环境创设[M].陈妃燕,彭楚芸,译.南京:南京师范大学出版社,2014.

后 记

2017年8月,我来到南丰幼儿园任职。初任园长的我,感觉到身上的责任和压力。而此时正值江苏省课程游戏化建设项目进行得如火如荼的阶段。幼儿园如何从本园实际出发,帮助老师们树立正确的儿童观、教育观、课程观,充分利用本园环境和地域资源等特点,改造户外游戏环境,为幼儿创设适宜的室内环境与材料,如何充分利用一日生活各个环节,让每一个幼儿都获得适宜的发展,让课程更加园本化,是我们迫切要研究和探索的。这既是课程质量提升的需要,也是幼儿园高质量发展的需要。

2018年4月,我园成功申报为苏州市课程游戏化建设项目园,这是一次契机,也是一种动力。历经三年多时间,我们带领老师从改造我们的儿童观、课程观开始,再到改造我们的课程方案,提炼课程理念目标,创生了可操作的课程实施途径,为我园走出了一条课程游戏化的自我实践之路,让本园的课程走向适宜性和园本化。

这本书的成功问世,离不开南丰镇政府的大力支持,近三年来共投入300多万元,用于对本园进行户外环境改造和幼儿游戏材料的添置。政府还出台了《南丰镇关于深化"三名"教育工程建设的实施意见》,南丰镇还启动了"教育引智"项目,吸纳了江苏省人民教育家培养对象、江苏省特级教师等多位幼教专家为我园的教育智库成员。2019年12月,本园还与苏州教师发展中心联手,成立了"南丰镇乡村骨干教师培育站"。政府一系列的举措为本园的发展提供了更为丰富的教育资源和学习平台。

在课程园本化推进的过程中,本园得到各位专家学者的关心和帮助。我要衷心要感谢上海华东师范大学华爱华教授、江苏省人民教育家培养对象孟瑾园长、苏州市教科院副院长戈柔老师、江苏第二师范学院张斌老师、苏州高等幼儿师范学院张晗老师,江苏省特级教师许晓蓉园长,还有我们的结对园苏州平江实验幼儿园陆蓉园长、苏州金阊区实验幼儿园何眲园长。你们一次次的调研、讲座、对话和指导为我们课程建设指明了方向,刷新了我们的理念,也改变了我们的行为。本书框架的形成,更是得到了南师大虞永平教授的亲自点拨。初稿完成之后,虞永平教授对本书的每一章节都提出了很多宝贵的修改意见,在此表示诚挚的感谢!

最后,还要感谢我们南丰幼儿园的老师们,本书是全园教师集体的智慧和团队的力量。特别要感谢在本书撰写的过程中,翟海燕、陈小燕、季佳雪、周岭、李敏、张颖婷、景丽君、钱佳、张竹君、周裕钦、陶静、顾海香等老师提供并整理了案例、活动方案、课程故事、园本教研实录。正是你们的一个又一个精彩案例,让本书更具生命力。此外,再次感谢翟海燕、陈小燕、季佳雪、张颖婷多次对本书的文字进行校对工作。

由于时间仓促,加上本人水平有限,本书还存在许多不足之处。我们的小脚丫课程还处于不断行走、不断完善、不断园本化的过程中,希望我们的行走之路可以给很多幼儿园的课程建设提供借鉴与参考。也希望读者在使用过程中,可以和我们互相交流探讨,我真诚地希望得到同行的关注和指正!

沈丽华

2023 年 5 月